【文庫クセジュ】

コモロ諸島

エルヴェ・シャニュー／アリ・ハリブ著
花渕馨也訳

Que sais-je?

白水社

目次

はじめに

コモロ諸島はグランドコモロ（ンガジジャ）島、モエリ（ムワリ）島、アンジュアン（ンズアニ）島、マイヨット（マオレ）島の四つの島から成り、アフリカ大陸とマダガスカル島に挟まれたモザンビーク海峡の入り口に位置している。中世にはアラブの地理学者によって「月の島」（Djazaïr al Qamar）として知られていたコモロ諸島は、つい近年までフランスの植民地であり、火山性の地形、熱帯の植物、「香水の諸島」と呼ばれる所以である香料栽培の大農園、珊瑚礁に囲まれた海岸、礼拝を知らせる一日に五回のモスクからの呼び声などにより、とりわけ画趣に富んだ土地である。

現在では、インド洋西域におけるその地理的位置がコモロ諸島に新たな戦略的重要性を与えている。というのも、喜望峰を経由してアラブやペルシアの湾岸諸国とヨーロッパの間を往復する大型タンカーがコモロの側を定期的に通過しているからだ。また、マイヨット島の境遇をめぐる問題は、一時期、フランスの政界を熱く騒がせた。一九七五年の一方的独立宣言とそれに続く諸島の分割という事態は、それによってこの諸島のことがよく知られるようになったわけではないにせよ、国際社会に「マイヨット島問題」を投げかけることになったのだ。

われわれは紋切り型の異国情緒や戦略的重要性だけにとらわれずに、コモロ社会について理解する必要がある。コモロ社会は、まだ封建体制から頭を出したばかりなのだ。四九万六〇〇〇人（一九八六年）〔五六万二七二三人、一九九九年〕のコモロ人の大部分は、主に、農業や漁業によって生活している。ところが、耕作地の土質は悪化、衛生状態はひどいままであり、人口増加は手に負えない状態である。増えつづける若者たちの未来は、次第に不確かなものになりつつある。(1)

(1) コモロ人の会話部分やコモロ人に関する章の多くの内容については、マリー＝フランソワーズ・ロンビの多大な貢献に感謝する。

一コモロCFAフランは、〇・〇二フランスフランに相当する〔コモロはCFAフラン圏に属しているが、コモロのCFAフランには、他の国とは異なる独自な固定為替レートが設定されている。一九九四年にCFAフランの為替レートの切り下げが行なわれ、現在は一フランスフラン＝七五コモロCFAフランである。以下では、コモロCFAフランをコモロフランと記す〕。

＊訳注は〔 〕で記す。コモロ語の人名、地名のカタカナ表記はできるだけ現地の発音に近いようにする。

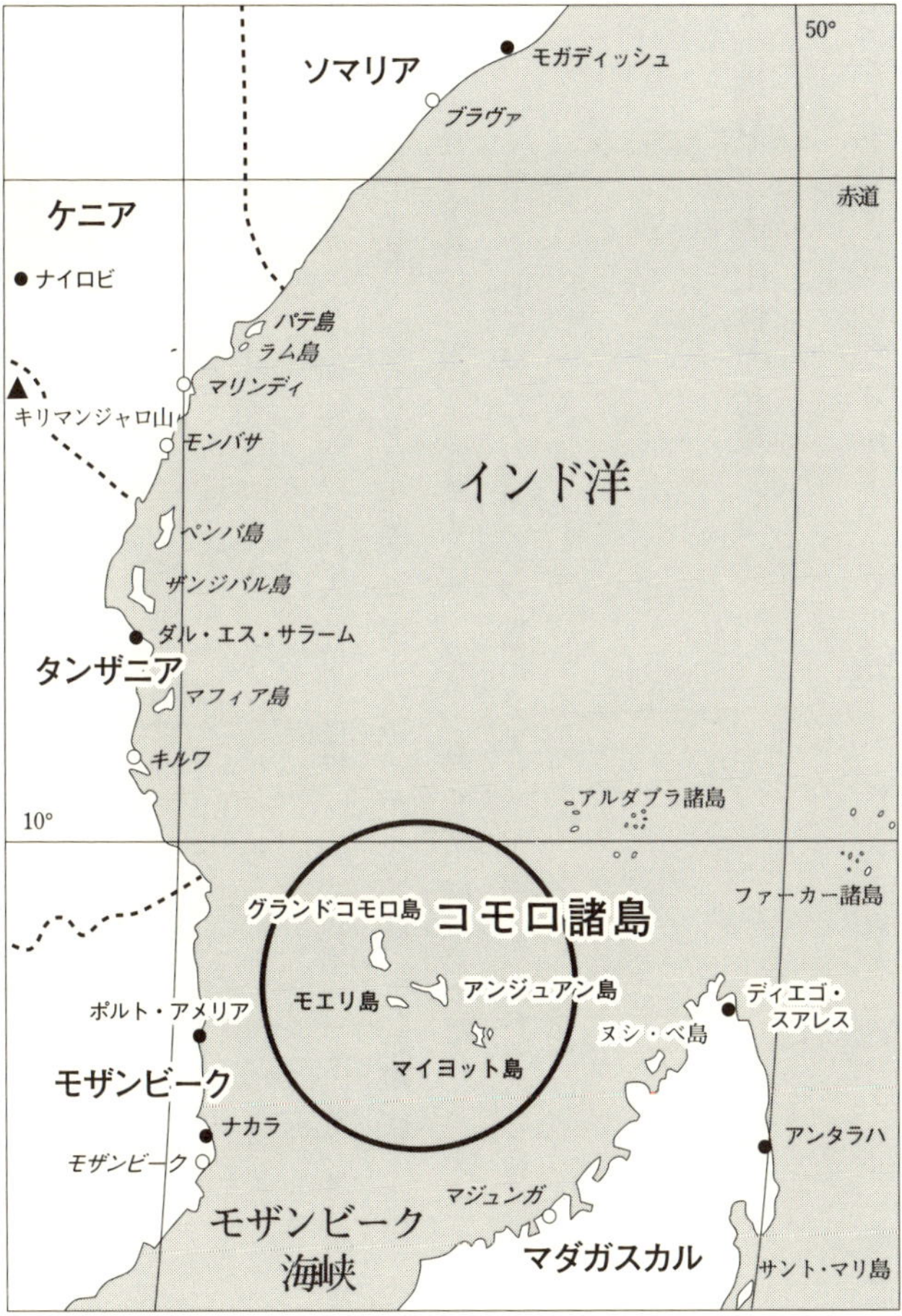
50°
ソマリア
モガディッシュ
ブラヴァ
赤道
ケニア
ナイロビ
パテ島
ラム島
マリンディ
キリマンジャロ山
モンバサ
インド洋
ペンバ島
ザンジバル島
ダル・エス・サラーム
タンザニア
マフィア島
キルワ
10°
アルダブラ諸島
グランドコモロ島
コモロ諸島
ファーカー諸島
モエリ島
アンジュアン島
ディエゴ・
スアレス
ポルト・アメリア
ヌシ・ベ島
マイヨット島
モザンビーク
ナカラ
アンタラハ
モザンビーク
マジュンガ
モザンビーク
海峡
マダガスカル
サント・マリ島
0
300 km

地図 1

第一章　自然環境

コモロ諸島は、モザンビーク海峡の北の入り口（南緯一一度二〇分～一三度四分、東経四三度一一分～四五度一九分）に位置しており、アフリカ大陸とマダガスカルからほぼ等しい距離（約三〇〇キロメートル）にある。四つの島の全長は二七〇キロメートルであり、島と島の間は最も離れている所でも七五キロメートルほど。よく晴れた日には、アンジュアン島のンティンギ山から他の三つの島を眺めることができる。

I　地質――火山性の起源

地理学者のサン・トゥルスによれば、コモロ諸島は、ハワイ式噴火とストロンボリ式噴火が交互に起こった三つの時期の火山活動によって形成された。新生代第三期中新世にあたる第一期には、ハワイ型盾状火山によって、それぞれの島が玄武岩によって形作られた（これがマイヨット島に広がる火山石フォノライトの起源である）。鮮新世の第二期には、より局部的な断裂や爆発が始まった。マイヨット島の頂部や尾根、帯状地、アンジュアン島のほぼ全域、モエリ島の西側、グランドコモロ島のバジニなど、現在見られる地形の起伏の基盤は、この時代に形成された。より新しい新生代第四期にも玄武岩質のハワイ式火山やストロンボリ式火山が中心的であったが、マイヨット島、アンジュアン島、モエリ島では、ブルカノ式火山が加わった。この第三の時期の影響は、これら三つの島ではわずかなものだったが、グランドコモロ島の九〇パーセント以上はこの新しい火山活動によって影響を受けている。

主要な三つのタイプの土壌は、こうした火山活動を起源としている。①マイヨット島、アンジュアン島（主にシマ）、モエリ島、グランドコモロ島（主にサンブッサ）の、第一期から中期にかけてのラテライト（紅土）。②四島に見られる第三期の褐色土。③とくに最近の火山性物質によって形成されたアンドソール（暗土）。この三つのタイプの土壌は、非常に肥沃だという特徴において共通している。

Ⅱ　気候

気候は湿度の高い熱帯性だが、高地では暑さも穏やかで、南東からの貿易風と北西からのモンスーンの影響を受ける。

高温多湿で、雨の多い季節（十一月から五月）は、ほぼサイクロンの発生する時期と一致している。サイクロンの通常のルートからは少しずれているにもかかわらず、諸島はたびたび災害に見舞われる。一九五〇年のサイクロンは、作物に深刻な被害をもたらし、重大な歴史的悲劇として記憶されている。南半球では、冬季にあたる乾季はとても涼しく、五月から十月まで続く。卓越風の方向による二つの季節の違いは、海の影響によって多少なりとも和らげられている。

表1　風による季節区分

風	方角	時期	気候
カシカジ	北～北西	十一月～三月	暑い、湿潤（サイクロン）
クシ	南～南東	七月～十月	涼しい、乾燥

ときおり激しい驟雨《しゅうう》に見舞われることもあり、年間降水量は高く（五〇〇から六〇〇〇ミリメートル）、驚くべき最大量にまで達する（カルタラ山の森林部では八七〇〇ミリメートル以上）。最も多く雨の降る帯域は、高地の南か南西側を向いた斜面である。

年間の平均気温は二五・六度であり、一年を通じて差はほとんどない。雨季に最高となり（一月から三月にかけて二七度）、乾季に最低となる（七月から九月にかけて二四度）。首都のモロニでは、夜中に一四度まで気温が下がることもある。高度により気温が下がる割合は、一〇〇メートルごとに約〇・六～〇・七度である。

沿岸部の日照時間は長く（年間約三〇〇〇時間）、年間を通じて変化する（乾季には一日あたり八・五時間、雨季には一日あたり六時間）。

一年のほとんどを通じて湿度が高く（約八〇パーセント）、蒸気圧も同様に高い。その年間の変化は、気温のグラフ曲線に沿っている（雨季には一立方メートルあたり約三〇グラム、乾季には一立方メートルあたり約二〇グラム）。

Ⅲ　水源

グランドコモロ島には川が存在しない。しかし、他の三つの島では、一年を通じて水があり、多くの水源からあちこちに川が流れ出ている。

Ⅳ　植生

海抜約四〇〇メートル以下の高度の低い沿岸部の帯域、中高地の帯域、そして高地の帯域では、それぞれ植生が大きく異なっている。

1　沿岸部

この帯域の気温は年間を通じて高く、四〇〇メートル以上の高度では栽培できないココヤシや、イランイラン、クローブなどを栽培するプランテーションが行なわれている。

十九世紀末にインドネシアから導入されたイランイランは、節の多い木である。高価な香水の原料となるエッセンスが抽出される黄色い花を摘みやすくするため、プランテーションでは、枝が水平に広がるように固定されている。世界におけるイランイランの生産量の八〇パーセント以上がコモロで生産されている。

フラグランという品種のバニラの栽培は、現在ではまばらにしか行なわれていない。バニラはナンヨウアブラギリやラン科の木に挿し木するつる科の植物。さやに入った種子を得るためには、手作業による花の授粉を要する。それは、短期間のうちに手で行なわれなければならないデリケートな作業である。

また、高度の低い帯域には、二一もの品種があるバナナや、カヌーを削り出すモモタマナ、マンゴー、アボカド、ライチ、カポック、カエンボク、パパイア、カシュー、ニクズク、パンレイシ、パイナップル、サトウキビ、ジャックフルーツ、パンノキ、カカオ、コショウ、トウガラシなど、あらゆる種類の熱帯性の植物を見ることができる。湿地帯はマングローブや竹によって覆われている。また、乾燥した地帯には巨大なバオバブが生えている。

2　中高地

四〇〇～八〇〇、一〇〇〇メートルの帯域は、より低い気温（二〇度～二四度）で、降水量が多く（年間二五〇〇ミリメートル以上）、まったく異なった環境である。この帯域は伝統的な食物の栽培に適しており、マニオク、ヤマイモ、タロイモ、水稲、トウモロコシ、サツマイモ、豆類（キマメ、リョクトウ、ラッカセイなど）が植えられている。また、この帯域は、温帯地方の野菜類の栽培や、オレンジ、マンダリン、レモン、パンプルムスなどの柑橘類、茶の木、コーヒーの木（とくにカフェインを含有しない珍しいアンブロティアナという種類）などの商品作物の栽培にも適している。また、この帯域でもグアバやバニラが見られ、やはりバナナの木が森のはずれまで植えられている。

3　高地

とりわけグランドコモロ島やアンジュアン島において高地は重要であり、さらに次のように下位区分される。

A——八〇〇、一〇〇〇メートルから一五〇〇、一七〇〇メートルにある原生林は、降水量の量によって、それぞれ森林の密度が異なっている。ここではマホガニーや、すぐれた建築用材木になるタカマカ、ニセアカシア、リューベックアカシア、シタン、コクタン、そしてランなどが生えている。

B――この高度では、山地雨の影響を受けないので降水量が低く、木生シダなどが分布している。とくにカルタラ山の頂きなど、これより高くなると、植物はまばらになる。

V　動物相

野生動物にはキツネザルがいる。この敏捷な四足動物は果実を常食とし、毛深く、長い尾と尖った鼻を有しており、絶滅の危機にさらされている。ファニヒ、あるいはンデマと呼ばれる昼行性のオオコウモリの一種は、かなり広域に生息している。別種の黒くて小さいリヴィングストンオオコウモリは、きわめて珍しく、高地に生息している。家ネズミや野ネズミなどの齧歯《げっし》目はとても多い。ジャコウネコは四島全域にはびこっている。また、テンレック、あるいはランダという、ブタに似た鼻をもった一種のハリネズミも見ることができる。その肉は脂肪が多い。野生のブタや犬などは多いが、いわゆる猛獣はいない。

鳥類は、ムクドリやモルッカ諸島のツグミ（害虫の幼虫を退治するために一八九八年に持ち込まれた）、多くの渉禽《しょうきん》類（アオサギ、ハラジロ、シラサギなど）、游禽《ゆうきん》類（コガモ、グンカンチョウ、ウミツバメ）、猛禽《もうきん》類

（灰色ワシ、ハイタカ、白頭モリフクロウ）、それにショウジョウコウカンチョウ、赤コマドリ、褐色オウム、カワセミ、黒ツグミ、キジバト、ハトなどが生息している。

爬虫類には、まず、数種の無毒のヘビがいる（数はきわめて少なく、有毒のヘビはいない）。鉛色のトカゲやレインボーアガマなどの色彩の豊かなトカゲ類は、家のなかに多く生息するが、攻撃的ではない。ムカデはきわめて危険である。また、とても大きなアフリカカタツムリや、左右が非対称の奇妙な姿をしたヤシガニなども生息する。

昆虫類はとても多い。多くの種類の蝶や、マラリアを媒介するハマダラカなどの蚊、カギヅノトックリバチ、ミツバチ、各種さまざまな大きさのアリ、ナンキンムシ、とても美しいクモなどがいる。

淡水生物には、大きなザリガニの一種や、川エビ、しばしば巨大に成長するウナギなどがいる。

海洋生物はすばらしく豊かである。海には、ウミガメ、ジュゴンやイルカなどといった哺乳類のほか、多種多様な魚がいる。マグロ、アジ、ウツボ、巨大なマンタなどのエイ類、ブダイ、ツバメコノシロ、バラクーダ、バショウカジキ、ボラ、シビレエイ、オニダルマオコゼ、トビウオ、脂肪分がきわめて多いバラムツ、シュモクザメなど多種のサメ類がいる。そして、コモロ諸島に特有なのがシーラカンスの存在である。

コモロの漁師にはゴンベッサやジュンベという名で知られていたシーラカンスは、一メートル以上のずんぐりした体型で、きわめて堅い鱗《うろこ》をもち、二〇〇メートル以上の深さの海底の岩場に住む、捕食動物である。シーラカンスは、一九三八年と一九五二年に、J・L・B・スミスによって「生きた化石」として確認された。この動物は八〇〇〇万年近く前、白亜紀の終わりに絶滅したと考えられていた。総鰭目《そうきもく》学者のグループによって、シーラカンスは地上の脊椎動物に近い骨系ときわめて退化した肺をもっていることが明らかにされた。このことは、シーラカンスが海と地上の生活を結ぶ生物進化の決定的な鎖のひとつであることを示している。こんにちまで、シーラカンスはすべてコモロ近海でのみ捕獲されている〔一九九八年九月、インドネシアの近海でもシーラカンスが捕獲された〕。

海岸の海洋生物には、イセエビ、タコ、ウニ、カキ、サソリガイ、ホラガイ、イモガイ（とりわけ危険な針をもつアンボイガイとニセイボシマガイはとても珍しい）、そしてハラタカラガイ、ホシタカラガイ、キイロタカラガイなどのタカラガイなど、多種に及ぶ貝類がいる。

家畜は、種類は少ないが、数は多い。角が巨大になるコブウシ、アデンやケープタウン起源のヒツジ、ヤギ、家禽、犬、猫などがいる。おそらく地形の問題があるか、家畜を牽引用に使うことはしない。

VI　各島の紹介

1　グランドコモロ島

面積一〇二五平方キロメートル[1]と、四島のなかで最も大きく、人口も最も多い[2]。最高峰にそびえる二三六一メートルのカルタラ山に見下ろされ、島は縦六三・五キロメートル、横三一・五キロメートルの長方形の形で南北に長く伸びている。火山帯にはグリルと呼ばれる北部の縦長の山塊と、バジニという古い突起状の地形が並んでいる。幅が三〜八キロメートルもあるクレーターは、世界でも最も大きなもののひとつである。島はまだ火山の活動によって特徴づけられており、一九七七年四月五日の最後の噴火で、クレーターとシンガニの溶岩流跡が形成された。

(1) 従来の各島の面積は、縮尺四万分の一のすでに古くなった地図を基に計算されたようである。われわれはより新しい国立地理調査所が発行している縮尺五万分の一の地図に一致するよう面積を計算しなおした。グランドコモロ島が一一四八に対し一〇二五、モエリ島が二九〇に対し二一一とかなり違いがあり、コモロ諸島に関する数字上の誤差の大きさを示している。

(2) 第六章の人口統計を参照。

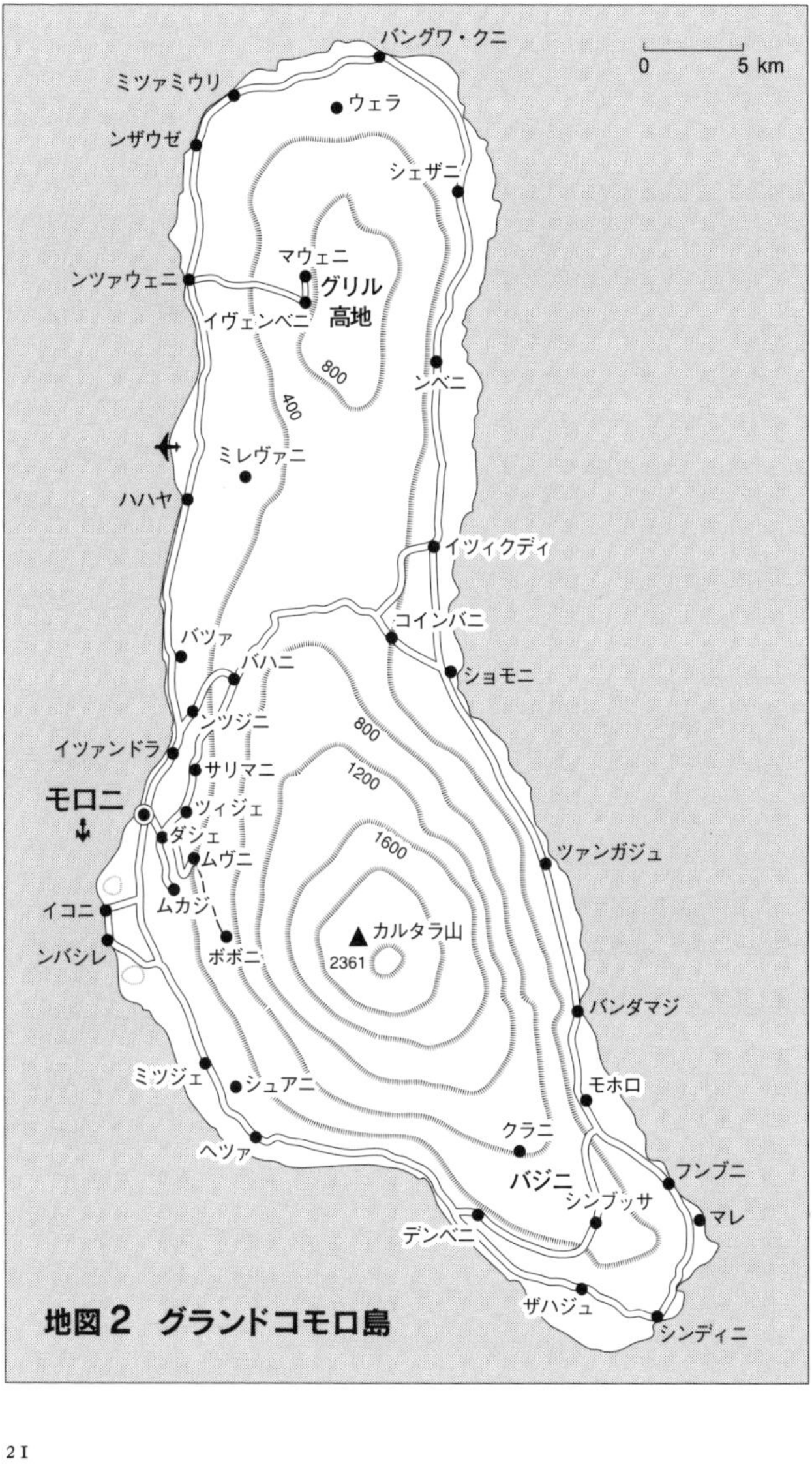

地図2　グランドコモロ島

黒く混沌として見える新しい溶岩流跡は、ミツァミウリ、シャムレ、イツァンドラ、シンディニ、マレ、ショモニなどの浜辺で見られる、すばらしく白い珊瑚砂とコントラストをなしている。

火山の影響で土地はとても水はけがよく、実際、水の流れを見ることはない。そこで、グランドコモロ島は、あらゆる水が瞬時にしみ込む巨大なスポンジに喩えることができる。高地に帯水層はなく、よって水源はきわめて乏しい。北のマウェニと、バジニ高地にあるムロツォが知られているだけである。海面水位付近まで浸透した水は、そこで海水よりも濃度の低いレンズ状の帯水層を作っている。一九七六年以来、ヴヴニ地区の給水所で、この淡水を汲み上げて、首都モロニにかろうじて供給している。ここには、世界で最も降水量の多い島のひとつであるにもかかわらず水を奪われた人びと、という矛盾した悲劇が存在している。

グランドコモロ島の環境は、まだ、比較的よく保存されている。雨食がないので浸食の影響は小さい。カルタラ山の山岳地帯の森林や、一九六〇年代にユーカリの部分植林が行なわれたグリル高地の森林は、急な斜面を保護している。また、グランドコモロ島の農民はいまだに焼畑を行なっているが、高度に応じて植えられている植物が、充分に土地を保護している。島はバニラの生産で有名である。キツネザルはいないが、その代わり、無謀にもネズミの絶滅を目論んだ植民者によって不用意に持ちこまれたマングースのはびこる唯一の島である。国立地理調査所の地図には示されていないが、洞窟や地下道がたい

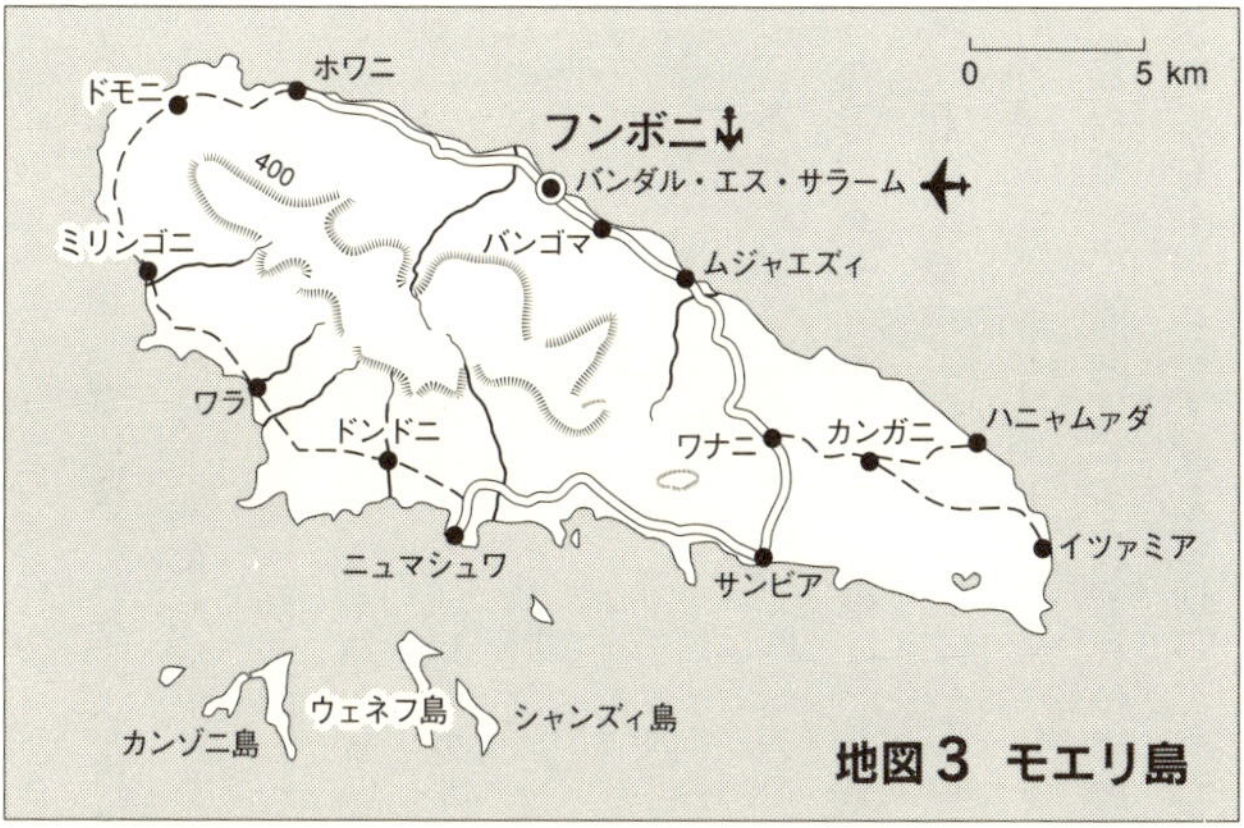

地図3　モエリ島

へん多く、とくにハハヤ空港の滑走路の側には数多く存在している。

2　モエリ島

四島のなかで最も小さいこの島は、人口も最も少ない。島の頂きは八六〇メートルしかない。島に沿って一〇〜六〇メートルの深さに珊瑚礁の棚地が広がり、南のニュマシュワ村に面して八つの山型の小島が並んでいる。モエリ島の地形は、深いV字谷をもつアンジュアン島でよく見られる地形に似ている。また、西の部分はむしろマイヨット島のパザの浸食された山頂部を思わせる。このような「浸食によって深く溝をうがたれた起伏に富む山状の地形」が、島の八〇パーセントを覆っている。残りの部分の地形は、ニュマシュワ、ワラ、ンバツェ、フンボニなどの海岸部の平野、ンドンドニ、カンガニ、ミバニなどの内陸地、ジャンドの高地、バンダニ、ウホニ、マジャニなどのクレーター、そして、ミリンゴニ、バンダル・エス・サラームの一部のポゾラン（火山灰土の一種）層に覆われた溶岩流跡などである。

多くの川と肥沃な土地をもつモエリ島は、植生が豊かである。あらゆる谷や斜面は、ココヤシの木など、食用作物や商品作物の畑で覆われている。ココヤシの林はコブウシにとってのよい牧草地となっている。また、沿岸にはとても魚が多い。この島が近代的な設備の面で最も遅れているのは、そのようなものがなくても、おそらく人口密度が低いこともあって、この島が最も生活しやすいからであろう。ロバの存在とペポカボチャの栽培も、この島のちょっとした特色である。

3　アンジュアン島

三番目の島は、面積が四二四平方キロメートルで、人口密度がきわめて高い。島は二等辺三角形のような形であり、その二等分線は一五七五メートルのンティンギ山の頂点で結ばれている。急な斜面が多く、起伏に富んでいるのが、この島の典型的な地形である。谷の大部分は狭く、沖積土の堆積や沿岸部は小さく、ごくわずかしかない。

島の三つの側面は、それぞれの特徴をもっている。ムツァムドゥの港やワニの空港を抱える西側は、狭いにもかかわらず最も活動的である。同様に狭まった南側の斜面に面した地域は、とりわけ漁業と牧

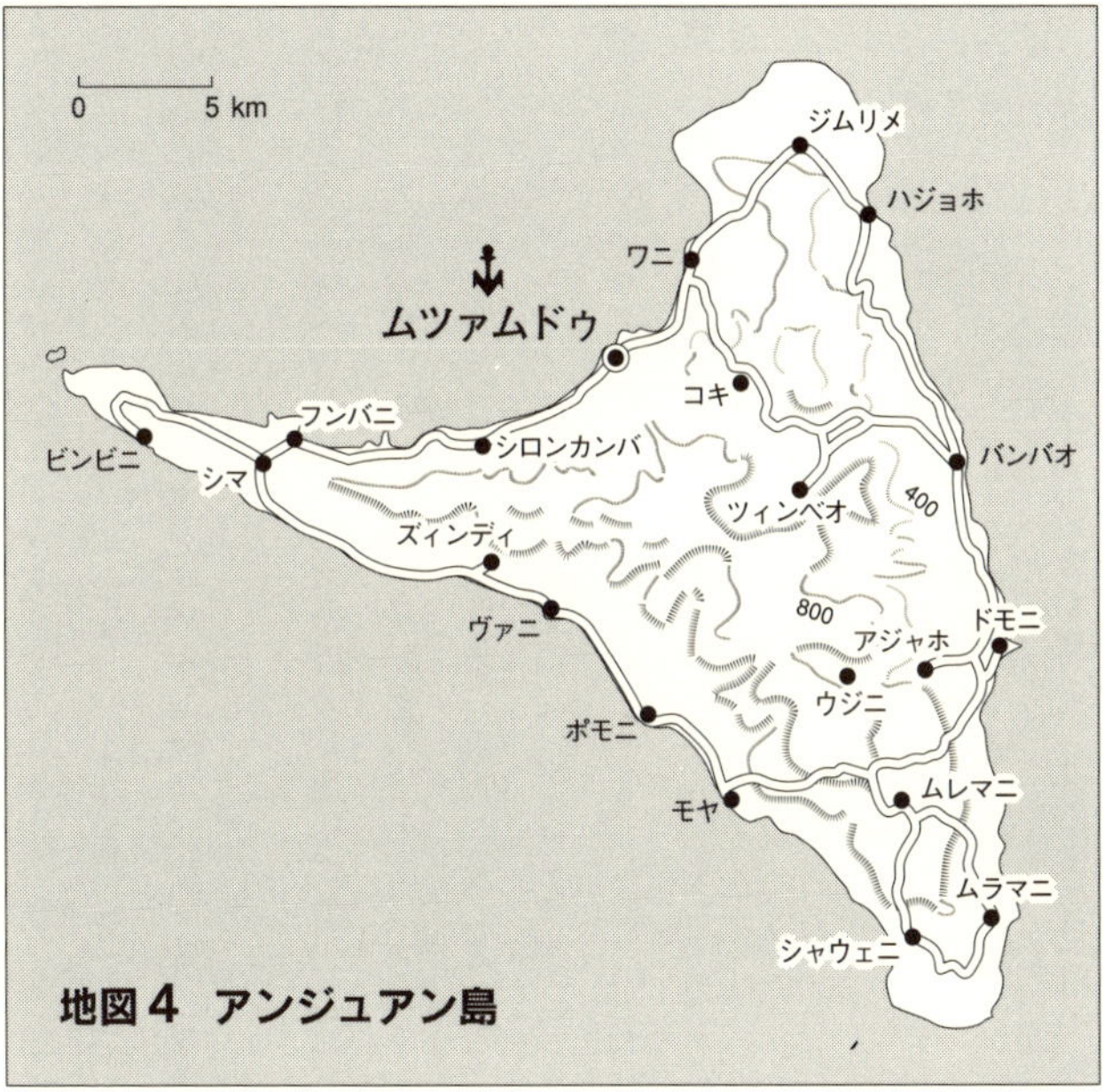
0
5 km
ムツァムドゥ
ジムリメ
ハジョホ
ワニ
コキ
フンバニ
ビンビニ
シマ
シロンカンバ
バンバオ
ツィンベオ
400
ズィンディ
ヴァニ
800
ドモニ
アジャホ
ウジニ
ポモニ
ムレマニ
モヤ
ムラマニ
シャウェニ

地図4　アンジュアン島

畜に適している。東側のバンバオ地区は、アンジュアン島を「香水の島」として知らしめている。ここは、イランイランの他に、ジャスミン、カシス、バジル、パルマローザ、オレンジの花、ゴンバヴァ、ベチベルなどの多種類の草木から作られるエッセンシャル・オイルや、その凝固物の第一の生産地なのである。

アンジュアン島の中央部は、ツェンベウとズィアニの雄大な圏谷に沿ったンティンギ山やモヤなどに残された原生林が占めている。人口過剰による過度の乱開発のために、アンジュアン島では急速な浸食が進んでおり、南のニュマケレや北のジムリメに最もひどい被害が及んでいる。島には多くの滝や川があり、タテンガ滝やポモニのリンゴニ滝では水力発電を行なっている。また、ツェンベウの圏谷のなかには温泉源もある。高地にあるランゼ湖の水は格別に澄んでいる。しかし、過度の森林伐採と、それによって生じる浸食が、多くの奔流の流量を減らし、干上がるほどにまでなっている。

4　マイヨット島

地質学的に最も古いこの島は、なめらかな地形を特徴とし、最も高い頂きでも六〇〇メートルを超すことはない。東側にあるパマンズィ島（プティトテール）の岸壁で囲まれたザウズィにはかなりの密度で人が住んでいるが、グランドテールは画然と人口密度が低い。北部の小島群のほとんどは無人島である。

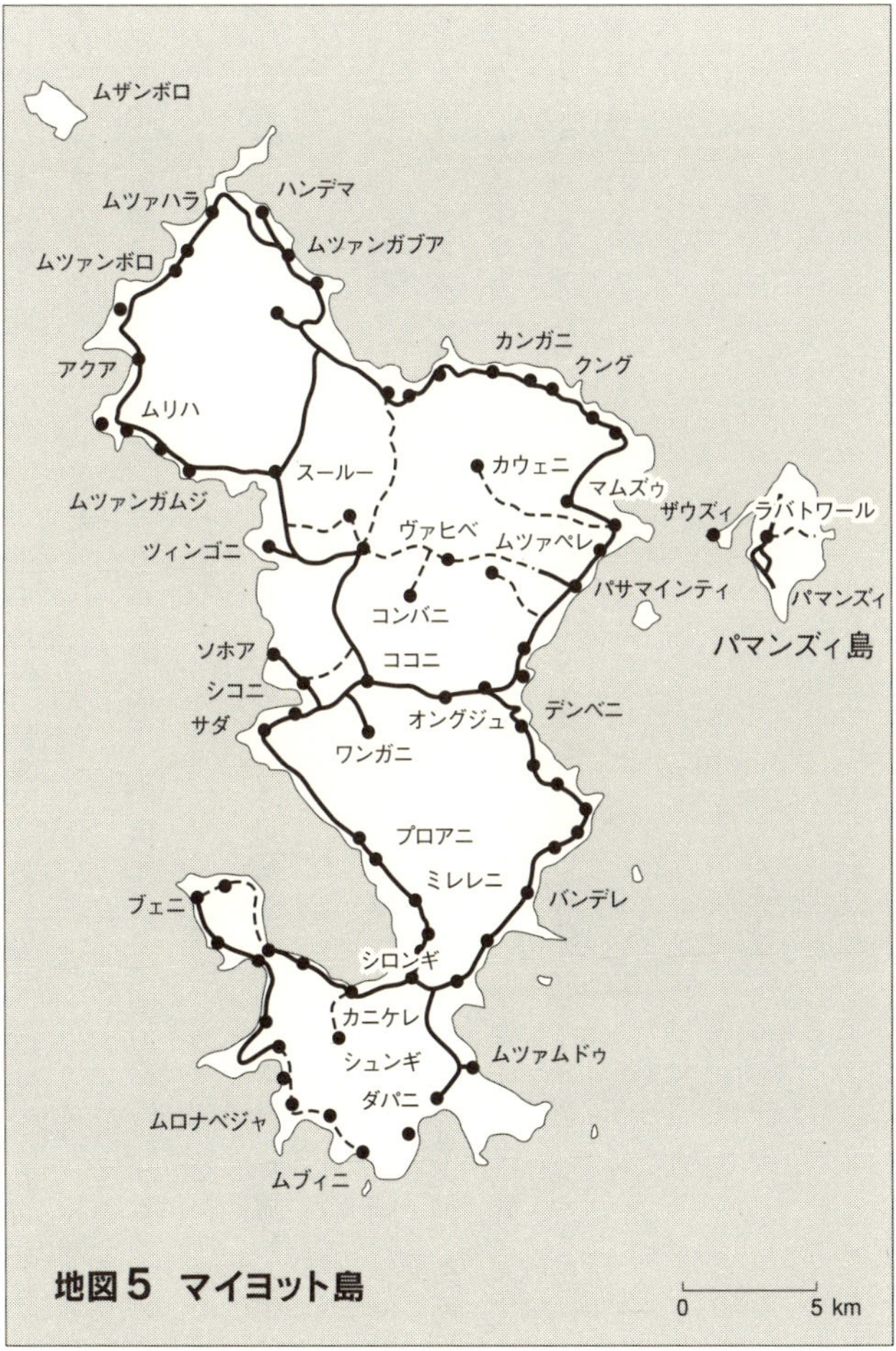
ムザンボロ
ハンデマ
ムツァハラ
ムツァンガブア
ムツァンボロ
カンガニ
クング
アクア
ムリハ
カウェニ
スールー
マムズゥ
ムツァンガムジ
ザウズィ
ラバトワール
ヴァヒベ
ムツァペレ
ツィンゴニ
パサマインティ
パマンズィ
コンバニ
パマンズィ島
ソホア
ココニ
シコニ
デンベニ
サダ
オングジュ
ワンガニ
プロアニ
ミレレニ
ブェニ
バンデレ
シロンギ
カニケレ
ムツァムドゥ
シュンギ
ダパニ
ムロナベジャ
ムブィニ
0
5 km

地図5　マイヨット島

ほぼ完全に周囲を珊瑚礁で囲まれたマイヨット島は、世界でも最も美しい礁湖のひとつを有している。島の面積は三七四平方キロメートルである。

コンバニ高地の谷の流れの上方に見られる岩の隆起や、円頂丘など、山頂部におけるフォノライトや岩脈は、古代の火山活動によって残されたものである。パマンジの湖は、グランドコモロ島の北部にあるサレ湖と同様に古いクレーターである。この二つの湖の水は硫黄を含んでおり、皮膚病を治すことで有名である。

マイヨット島の他の特徴としては、白色に近いキツネザルの一種がいる。サトウキビが他の島よりも豊富にあり、ニッケイの木が密集した木立を作っている。美しいマンゴーの森に加えて、最近になって移植された高い繁殖率をもつアボカドの木々が見られる。この木は、ラテライトと生態システムの保護にきわめて有効な役割を果たしている。また、とても香りが強い種類のマイヨット島の水稲は、コモロ諸島全土で人気がある。

第二章　独立以前の歴史

I　植民地化以前

1　古代

有史以前の歴史については、伝説や伝承などからわずかにしか明らかになっていない。シーラージ人とされるアラブ系の人びとが移住してきた十六世紀以降になって、ようやく文字資料に基づく歴史が明らかになる。

それゆえ、諸島にはじめに住んでいた人びとの起源や年代を確定することはできない。ただし、おそらく最初の居住者が東アフリカ出身であることはかなり確かなことであり、彼らはアニミズム的信仰をもつバントゥ語族系に属す人びとであったと思われる。

しかし、海流やモンスーンの影響を考えると、古代のアジア系の人びとを起源として考えられないこともない。マダガスカル人の先祖とされるマレー＝ポリネシア系[1]〔オーストロネシア系〕のインドネシア出身の人びとが、マダガスカルに渡る途中にコモロを訪れたことは間違いない。六世紀頃、彼らがアンジュアン島の古い村であるシマの遺跡に居住していたということが、考古学的証拠から推定できる。[2] いずれにせよ、アウトリガー付きカヌー、ココヤシとその利用法、バナナ、マンゴー、パンの木、キマメ、サトウキビ、ショウガ、キンマなど、コモロ文化に古くから見られるものは東南アジア起源である。

(1) ルピケの論文『アンジュアン島のスルタン』（一九〇一年）参照。
(2) タナナリヴォ大学考古学センターのP・ヴェランによる成果。

一方で、コモロ人はセム語族系の航海者にかなり早くから知られていた。ゲヴレイが引用している記述には次のように書かれている。

「これはコモロ諸島、すなわちグランドコモロ島（Gazizad）、アンジュアン島（Anjouan）、モエリ島（M'Héli）、マイヨット島（M'Ayâta）に関する古い歴史である。われわれの祖先が伝えるところによれば、コモロ諸島の四島のうちグランドコモロ島には、預言者ソロモン・ベン・ダウドゥが渡来し、彼とともに神の平和がもたらされてからのちに人びとが住みはじめた。この時代に、二人のアラブ人が妻と子供を伴い、奴隷と家畜を連れて紅海からやってきた。彼らはグランドコモロ島に身を落ち着けた。そののち、ザンジバルの沿岸から多くのアフリカの人びとが諸島に移住して来た」。

アルフレッド・ゲヴレイは、多くの点でコモロに関する最良の書物でありつづけている『コモロに関する論考』（一八七〇年）という著書で、同様にソロモン王（紀元前九七〇〜九三一年）の船団について触れている。ソロモン王はエラスから、オフィール国やタルシス国を相手に商売を行ない、モザンビーク海峡についても実際によく知っていたようである。つまり、アンタラウトゥラ[1]と呼ばれる最初のコモロ人の起源は、これらのアフリカ人、セム人、東南アジア人などが混淆したものなのかもしれない。

（1）H・デシャンによれば、このマダガスカル語はマレー語で「海」を意味するラウトに由来し、すなわちアンタラウトゥラは「海の人びと」を意味するという。

アラブの地理学者はより明確な記録を残している。マスウーディは、ザンジ（Zandj）海（インド洋）について記述しており、何度となく、九四〇年にはすでにイスラム化していたカンバル島（Qanbalû）について述べている。[1] イドリーシーも、ザンジ海について言及し、ザレジ（Zaledj）の島々に関する多くの記述を行なっている。その島々の一つであるアンジャベ（Andjabeh）島については、「住人は混ざり合っているが、大部分はイスラム教徒であり」、別の火山島に隣接しており、三番目の島の住人は海賊であった、と記されている。この記述は、アンジュアン島、グランドコモロ島、モエリ島に関するものだと見てとれるが、マレーシアの島々との混同があった可能性もある。というのも、イドリーシーの地図（一一五三年）からわかるように、当時、アラブの地理学者は、アフリカの東側のすぐ近くにインドとアジアがあると信じていたのだ。マスウーディ、イドリーシー、イブン・サイードらは、繰り返し、ナイル川の源に隣接するクムル（Qumr）地方やクムルの海峡について言及している。おそらく、この地名はとくにコモロ諸島を指すようになる前には、モザンビーク海峡一帯をすべて指していたと思われる。

（1）この島は、マダガスカル島、アンジュアン島、ザンジバル島などの島であるという諸説が出たあとに、こんにちでは、おそらくペンバ島だと考えられている。

この時代の交易では、ソファラの金、マッコウクジラから取れる竜涎香《りゅうぜんこう》、象牙、中国産のサイの角、羽毛や奴隷などが扱われていた。『シンドバッドの航海』はこの交易の様子をよく描いている。この本には、モガデシオ、ラム、マリンディ、モンバサ、ペンバ、ザンジバル、マフィア、そして、ひときわ輝く商業の中心地であり、当時おそらく中国からの航海者にも知られていたキルワなど、沿岸交易を行なっていた商業港の名前が羅列されている。そして、キルワからマダガスカル（ワクワクか？）〔謎の多いワクワクという地名がどこを指すのかには諸説がある〕へ行くには、必ずコモロを通過したであろう。

コモロの伝承の一つによれば、コモロ人は、預言者の死後、カリフのオスマンに導かれてイスラムに入信したとされている。イスラム化がきわめて早くから起こったことは確かであろう。十世紀にイスラムと割礼を導入したとされる伝説の人物、モハメッド・ベン・オスマンは、ンツァウェニ村に埋葬されている。また、グランドコモロ島の北部には十二世紀の段々畑の遺跡も存在する。

2　シーラージの移住

九二二年（イスラム暦三六〇年）頃、ペルシアのシーラーズの町はブワイード（シーア派教徒）によって占拠され、町の貴族の多く（スンニー派教徒）は国を捨てて逃亡した。九七五年、キルワにはシーラーズ出身のペルシアの王子、アリ・ベン・ハッサンによってスルタン領が建設された。当時、コモロ諸島は、ザンジバルやパテ、マダガスカルの一部とともに、キルワの属領であった。十世紀から十六世紀にかけて、コモロ諸島にアラブ人の移住の波が何度か押し寄せたということはほぼ確かなことだが、彼らの定住の明らかな証拠は残されていない。(1)

(1)『キルワ年代記』には、アラブ人の創設者がアンジュアン島のスルタンとしてやってきたと書かれている。

一五〇〇年から一五〇五年の間に、ポルトガル人がグランドコモロ島に住み着き、それによって島民の多くが、マイヨット島のムシャンバラ村（現在のムツァンボロ村）など、他の島に移住した。しかし、一五〇六年にはポルトガル人は島から姿を消し、(1) モハンメド・ベン・ハイッサに率いられた複数のダウ船の船団が、シーラーズからの多くの移民を運んできた。ある伝承によれば、彼らはシーラーズから直接にやってきたとされているが、アフリカ東部やキルワを経由してきたと考えるほうが妥当であろう。以来、アラビア語、コモロ語、スワヒリ語などがアラビア文字によって書かれるようになり、その文字資料から系譜や出来事の年代について知ることが可能になった。

(1) グランドコモロ島の北西にある墓はポルトガル人のものと考えられている。

表2　グランドコモロ島の最初の氏族

氏族	ダウ船が着いた場所
ヒニャ・イタ・ピルサ	ンバシレ
ヒニャ・フンバイア	ヴァナンボワニ
ヒニャ・モワツァ・ピルサ	ミツァミウリ
ヒニャ・アアリ・ワ・セラ	ムツァムドゥ
ヒニャ・ワ・ナジ・クンジェ	ムジャゼマ(ピジャニ)

(典拠：J・マルタン)

〔ヒニャと呼ばれる親族集団は、母系出自集団であり、現在でも、グランドコモロ島やアンジュアン島の都市部に住むかつての貴族階層に見られる〕

グランドコモロ島では、アラブ人はアフリカ人の伝統的な首長(マフェやマベジャ)を支配したり、または婚姻によって彼らと縁組み関係を結んだ。やがて、五つの主要な氏族が分岐し、十二のスルタンが互いに抗争し合うようになった。

表3　グランドコモロ島のスルタン王国

スルタン王国	中心的な町
バジニ	シンディニ、フンブニ
ハンブ	デンベニ
バンバオ	イコニ、モロニ
イツァンドラ	ンツゥジニ
ハマンヴ	ハハヤ
ンブデ	ンツァウェニ
ミツァミウリ	ミツァミウリ、バングワ・クニ
ンボワンク	シェザニ
ハマハメ	ンベニ
ワシリ	コンバニ
ディマニ	イツィクディ
ドンバ	バンダマジ

（典拠：J・マルタン）

同様に、アンジュアン島にもシーラージ人が移り住み、伝統的な首長（ファニ）と同盟関係を結んだ。そしてシーラージ人の王子ハサン・ベン・ハイサと、ドモニのファニの娘との結婚によって、エル・マセラ王朝が築かれた。少し遅れて移住してきたハドラマウト出身者によって築かれたエル・マドゥア王朝は、エル・マセラ王朝との縁組みを行なった。それ以降、アンジュアン島は一人のスルタンが統治するようになり、アラブ起源の貴族階級の一族が住んでいたマイヨット島とモエリ島を、長きにわたり支配するようになる。

四つの島に住む氏族間の婚姻関係は錯綜していた。イスラム教徒の一夫多妻制と、確定的な相続規則がないことが、コモロ人の系譜を相当に複雑なものにしていたのだ。止むことのない敵対関係の結果として、コモロ諸島は「戦闘的なスルタンの島」と呼ばれていた。

シーラージ人によるこの「貴族＝神権政治」は、パテ、ザンジバル、マスカット、オマーン、イエメンなどからやって来た別なアラブ人によってさらに強化される。だが、先住民であるアフリカ系の人びとやアンタラウトゥラと、新たに渡来したアラブ人との権力争いは長く続いたと考えられる。アラブ人が港やその周囲のプランテーションを支配したのに対し、完全にはイスラム化されていない先住民は逃亡奴隷と結託し、内陸地に広い影響力をもっていたと考えられる。

こうして、次第に三つの社会階級が明確に区別されるようになった。

① 貴族階級（Kabaila）——政治的、精神的権力を握り、商業を牛耳っていた。多くのダウ船の船主は貴族であった。

② 自由民（Mngwana）——農業や牧畜、漁業を行なっていた。

③ 奴隷（Mruma）——新たに連れてこられたアフリカ人（タンザニアやモザンビークに住むマクアやシャンバラといった民族集団など）。

3 海上の関係

十六、十七世紀は、商業的な繁栄を遂げた時代である。自らの土地を耕作させるための奴隷貿易を行なっていたスルタンは、やがて、プランテーションのために多くの労働力を必要としていたレユニオン島やモーリシャス島に新たな奴隷の輸出先を見出した。大きな三角帆をもつダウ船によって、彼らはマダガスカルとアフリカ大陸との間を渡ることができただけでなく、紅海にまで達することもできた。

当時、コモロに寄港したヨーロッパの航海者の多くが、島の繁栄を目の当たりにした。このころから、アンジュアン島とモエリ島ではすでに米の輸入が始まっていた。アンジュアン島民はとても愛想がよかったが、モエリ島民は非社交的で、何度かヨーロッパの航海者を殺害したとされている。一八〇三年には、ル・ベリエという軍船がアンジュアン島のムツァムドゥに接岸し、第一執政時代のナポレオンに対する反逆に失敗して追放されたドミニコ会総長のロシニョールとその仲間の一団が上陸した。一八六九年にスエズ運河が完成するまでは、カリブ海から追われて次第に、インド洋のこの一帯に逃がれてきたヨーロッパの海賊が活発に活動していた。

4 マダガスカル人の移住と侵略

十六世紀に、ディヴァ・マメに指令を受けたサカラヴァ族の軍隊が、マイヨット島の南西部を占拠した。その少しあと、一五三〇年には、アンジュアン島のスルタン、モハメッド・ベン・ハッサニ（グランドコモロ島の最初のスルタンであるモハメッド・ベン・ハイサと、アンジュアン島の最初のスルタンであるハッサニ・ベン・モハメッドの子孫）が率いたアラブ人の新たな集団が、マイヨット島の北西部を占拠した。アラブ人は、すでに十二世紀から居住していたムツァンボロ村を首都にしていたが、のちにシンゴニに移転した。[1] 対して、サカラヴァ族は、コイレやサジレを支配していた。

（1）この村には、マイヨット島で最初に建てられたと考えられているモスクが存在する。

マダガスカルのラダマ一世の死後、一八二八年に、フヴァ族〔西欧によるメリナ族の古い呼び方。本来は、メリナ族の平民を指す呼び方であった〕のラマネタカが、彼の家臣たちとアンジュアン島に逃げてきた〔メリナ族の王族内における王位継承争いによる〕。彼は、アンジュアン島のスルタンからモエリ島に住む認可を与えられた。ラマネタカは、ムワリ島ですぐさま権力を獲得すると、イスラムに改宗し、アブデラフマンと名前を変えて、自らスルタンを名乗った。

この比較的平和な移住と、十八世紀後半から始まり、諸島に大損害を与えることになった略奪を目的とした襲撃とを、一緒にすることはできない。ヨーロッパの歴史におけるヴァイキングと同様なやり方で、マダガスカルの海賊は一万八〇〇〇人に達する集団による遠征を組織した。彼らはサカラヴァ族、ベツィミサラカ族、それにヨーロッパの海賊の子孫であるザナマラータとから編成されていた。海賊は約一五メートルはあるダウ船で、三〇〇〜五〇〇隻の船団をなしてコモロの沿岸の村を襲撃し、しっかりと武装された部隊によってひどい略奪を行なった。町の周囲には要塞が築かれたが、たびたび裏から回り込まれてしまった。一七八〇年、ドモニが陥落。一八〇五年には、伝説となった数日間にもわたる戦闘によってイコニが占領されたが、この時、英雄カリバングェは降伏する前に三八名の侵略者を倒したとされる。近くのクレーターに避難した村の女性たちは、奴隷として連行されることを拒否し、高い断崖から海に身を投じたという。

スルタン同士の抗争よりもずっと悲惨な侵略によって諸島は衰退し、スルタンは海外の列強に保護を求めるようになった。だが、皮肉なことに、それら列強が島への進出を始めたのは襲撃がやんだ時期であった[1]。イギリスは、一時的だがアンジュアン島に影響力をもった。フランスは、実際的利益のためというよりも、むしろライバル国が進出しないようにするため、徐々に諸島を支配するようになった。

(1) 一八一七年、イギリスとマダガスカルの王ラダマ一世との間で、この襲撃の主要な動機となっていた奴隷貿易に終止符を打つ条約が結ばれた。

II 植民地化

各島が植民地化された歴史過程はそれぞれ異なっているが、そこには次のような共通のシナリオを見出すことができる。

① 困難に陥ったスルタンが、海外の列強に支援を要請する。
② スルタンは海外の国家権力や、策略家個人に、彼自身の所有地ではない土地までも供与する。
③ 島の住民がこのやり方に対し蜂起する。
④ 他の列強が進出することを恐れたフランスは、諸島を支配するために直接的介入を行なう。
⑤ 植民地勢力が反乱を鎮圧し、権力の中心を担うようになる。
⑥ 調査委員会が、策略家の横暴や植民地行政の行きすぎに憤慨する報告を行なう。

1　マイヨット島

一八三二年、ラナヴァルナ一世の軍隊に征服されたマダガスカルの弱小国、サカラヴァ王国の王アンドリアンツーリは、マダガスカルを離れ、姻戚であるブワナ・コンボがスルタンとして統治するマイヨット島に亡命した。ブワナ・コンボがアンドリアンツーリに島の南の領地を譲ると、そのあと彼はすぐに島全域を支配するようになった。モエリ島のスルタン、ラマネタカの援護を受けて地位を取り戻そうとするブワナ・コンボに対し、アンドリアンツーリは、アンジュアン島のスルタンへの忠誠をたびたび示すことで権力を維持しようとした。アンジュアンの軍隊を後ろ盾にして島の総督の地位に落ち着いたアンドリアンツーリは、やがてアンジュアンへの従属を拒否し、島のスルタンとしての地位を主張した。しかし、それでも自分の地位が脅かされていると感じた彼は、海外の列強に保護を求めた。

その頃、一八一〇年から一八一四年にかけてモーリシャス島を失った代償として、フランスは、マダガスカル島北西部にあるノシベ島を買い取った。この買収に失望した海軍は、すでにアンジュアン島と友好関係にあったイギリスが次に狙う恐れのある、よい停泊地となる環礁を有するマイヨット島の買収について相談した。一八四一年四月二十五日、パソ司令官は、個人的な終身年金から一〇〇〇ピアストルを出し、もとをただせば簒奪者のアンドリアンツーリから、マイヨット島を買収したのである。他の島のスルタンとイギリスがこの格安な値段に反発したため、フランス国王ルイ・フィリップがこの買収を承認したのは一八四三年二月になってからである。パソ司令官は、その年の六月十三日に島を所有するようになった。アンドリアンツーリは「アブサンなどの酒の飲みすぎで」、二年後に死亡した。当時、島の人口はせいぜい三〇〇〇人ほどであった。(1)

(1) ゲヴレイによれば、アラブ人が三〇〇人、マイヨット島出身者が七〇〇人、マダガスカル人が六〇〇人、そして一二〇〇～一三〇〇人のアフリカ出身の奴隷がいたとされる。

フランスのジャーナリズムはこの新たな征服を高く評価したが、一八五〇年に島の状況を調べるために派遣された最初の使節は、早々と希望を捨て去り、「財政の犠牲」による新たな植民地の獲得に同意しないよう勧告した。マイヨット島は、まだ服従していないマダガスカルを監視するための場所としてしかほとんど利用価値がなかったのだ。

実際、島はひどく不衛生であり、植民による開拓はきわめて困難なものであった。一八四六年十月九日の王令によって奴隷制は廃止されたが、フランスにとって利益となるよう、それは五年間の義務的な雇用契約によって代替された。このことは奴隷だけでなく地主たちの逃亡を招くことになり、彼らは他の島に移っていった。一八五六年には、クレオールのプランテーション経営者による非人道的な労働条件に対して、反乱が起きた。アンドリアンツーリの古い仲間であった反乱の指導者、バカリ・クーサは銃殺された。

他の島に移民したマイヨット島民の帰還や、アンジュアン島やグランドコモロ島からの移民、それに入植者によって雇われたアフリカ人の到来によって、一八五八年以降になって島の人口は急激に増えた。一八六六年の島の人口は一万一七三一人であった。

2 アンジュアン島

一七八六年、マダガスカル人の襲撃に対する援護をイギリスに要請するために、アブダラ一世はボンベイに赴き、武器と新たな首都ムツァムドゥに要塞を築くために必要な物資を持ち帰った。一八一六年には、スルタンのアラウィがルイ十八世に保護を求め、当時はブルボン島と呼ばれていたレユニオン島に自ら出向いたが、大きな成果を得ることはできなかった。逆に、フランスがマイヨット島を買収してからは、この島の司令官はアンジュアン島に駐留地と病院を建設する許可を、スルタンのサリムに要請した。彼らの多くがマラリアを患って病死したからである。サリムは病院の建設には同意したが、駐留地については拒否した。翌年、彼はヴィクトリア女王との条約にサインし、奴隷交易を廃止することと、「ヨハンナ島」[1]（イギリスによるアンジュアン島の古い呼び方）に寄港するイギリスの航海者の利権について認可した。一八四八年末には、イギリスの領事が駐在するようになり、イギリスの同意なしに土地のすべて、あるいは一部を売却しないという二番目の条約を結んだ。

(1) イギリスの海図におけるアンジュアン島の名前。

サリムの後継者であるアブダラ三世が一八五五年に即位すると、イギリス人の入植者であるウィリアム・サンレイが重要な人物となった。彼はポモニにある彼自身のプランテーションだけでなく、バンバオ(1)にあるスルタンのプランテーションを管理し、スルタンによって約五〇〇人の奴隷を賃貸されていた。(2)一八五六年頃には、アメリカ人のウィルソンがスルタンの個人秘書となり、パツィに三番目のサトウキビのプランテーションを開拓した。

(1) アンジュアン島の東部にある平地と、グランドコモロ島のモロニの南にあるスルタン領は同じバンバオという名前である。
(2) 探検家のデービッド・リヴィングストンは荷運び人を雇うためにアンジュアン島に来て、このやり方に憤慨して外務省に報告を送った。それによって、最初のイギリス人居住者であるネーピアから相続したという主張をサンレイは外務省において取り下げざるをえなかった。

一八二二年、イギリスは島内の奴隷制を廃止する新たな条約を結ぼうとしたが、他の島との戦闘によって貧困化し、借金をしていたスルタンは、フランスに寝返った。フランスは、一八八四年以降のドイツのアフリカ進出やイギリスの影響に危機感を持っており、「フランスの同意なしに他のいかなる国とも条約を結ぶこと」を禁じる条約を、三つの島のスルタンと結ぶことを画策していた。法的には保護領に関するものではないが、少なくとも、この条約文がもたらすフランスの影響力は大きなものであった。条約文では、フランス政府に王位継承の監督権が与えられ、マイヨット島の司令官の同意なしにスルタンが他の島に軍事的介入することを禁じた。

一八八六年四月二十一日、スルタンはやむなく条約にサインしたが、加えて要求された公使の駐留については拒否した。一八八七年三月、フランスは四隻の戦艦によってムツァムドゥを包囲し、占拠した。結局、スルタンは公使の駐在を認め、次にはその雇用人、総合裁判所、公立学校を受け入れ、ついには宗教に抵触することを除き、島のあらゆる事柄に関する公使の干渉を、認めなければならなかった。一八八九年一月二十六日、イギリスの強い要請を受けて、奴隷制廃止のダヒール〔スルタンの勅令の形式で出される法令〕が出されたが、奴隷の開放は、その後一〇年の間に少しずつしか実行にうつされなかった。この遅滞が問題の直接的な引き金となり、領地において奴隷が武器を奪い取る事態が引き起こされるようになった。そのため、一八九一年、フランスはマイヨット島から公使を退避させなければならなくなった。アブダラ三世が死去したあとには、正統な継承者の叔父であるサイード・オスマンが、蜂起した奴隷の指導者となり、反乱を導き、ムツァムドゥを占拠した。アラブ系の一部の貴族階級は殺害され、スルタンの宮殿が略奪された。この「奴隷の反乱」(1)によって頭角を現わしたサイード・オスマンは、サンレイイとの関係を継続し、ケープタウンから来たイギリスの砲艦の前でスルタンの即位式を執り行なうことで、権威を確立しようとした。しかし、イギリス勢力の復活を見せつけられたマイヨット島の総督が干渉してきた。老いたサイード・オマールは、マイヨット島に保護され、一八九一年四月二十四日、オスマンの一隊が山岳地帯を制圧している間に、フランス海軍によってスルタンとして即位させられた。数週間のゲリラ戦のあとに、オスマンは六月二十日に降伏した。オスマンは側近とともにジブティのオボクに追放され、その後、ニューカレドニアに送られた。しかしながら、一八九一年五月十二日には、オスマンが宣言したものと同様な、早急な無条件の奴隷制廃止が、新たなスルタンによって布告された。領地での労働は再開されたが、フランスの公使が次第に中心的な権力を握るようになっていった。(2)

(1) J・マルタンの論文『アンジュアン島における保護領化の開始と一八九一年の農民反乱』を参照。
(2) 一九〇〇年に、マイヨット島の司令官はアンジュアン島のスルタン、サイード・モハメッドについて「見栄えという点において、彼の貫禄のある風貌は行列のなかですぐれた効果をもつであろう」とし、パリの万国博覧会に送り出す提案をしている。

3 モエリ島

一八四八年、マイヨット島の司令官は、モエリ島の若き女王であるジュンベ・ファティマにフランス語とキリスト教を教えるために、マダム・ドルエというクレオールの家庭教師を派遣した。しかし、かつて一八五九年に女王の夫君であるサイード・モハメッドをザンジバル島に送り返したときのように、モエリ島の島民は、たちまち家庭教師を追い返してしまった。これに対するはじめての軍事的上陸と、フランスに敵対する大臣の追放によって、マダガスカルの王から授与されたエミルヌ公爵という地位をもつフランスの冒険家ランベールに、ムワリ島への進出の道が開かれた。彼は、マイヨット島の司令官から、グランドテールを出てモエリ島へ行くように指導された。

一八六五年二月十三日、ランベールは「モエリ島を開拓する」ために、望む土地のすべてを、女王から委譲された。女王は「労働者」を提供し、利益の五パーセントを受け取ることになった。ランベールは砂糖工場を設立した。しかし、レユニオン島への旅行に出かけているときに、彼は、不満を抱いた女王が契約を放棄したがっていることを知った。フランス海軍がフンボニを砲撃したあとに、ランベールはやっと島に戻った。一八六八年四月十三日、彼は母親の後を継いだ若いスルタンの後見人となった。一方、女王はナポレオン三世の保護を求めてヨーロッパへと出発した。パリでは、モエリ島との関係を断ち、出ていくようにと約六万ピアストルがランベールに支払われた。しかし、それは無駄に終わり、海軍は、必要な軍事的支援を、ランベールが亡くなる一八七八年まで続けた。当時、モエリ島は、フランスとイギリスとの敵対関係に巻き込まれた混乱した時代のなかにあったのだ。

一八八六年四月、アンジュアン島とグランドコモロ島で結ばれたものと同様な条約が、フンボニで開かれた閣議において調印された。マイヨット島の司令官は、マルジャニを、新しいスルタンとして即位させた。しかし、新たな反乱に直面したマルジャニは、フランスに対し、退位することを願い出た。彼はスルタンの地位を、当時まだ十四歳だったサリマ・マシンバ〔ジュンベ・ファティマとフランス人実業家の娘〕に譲った。島の女王にされた少女は、マイヨット島で教育するために連れていかれた。一八九六年、フランスの摂政と入植に抵抗する暴動が再開。暴動が鎮圧されると、それ以降、ムワリ島は、マイヨット島の総督によって直接統治されることになった。一九〇二年には、モエリ島民が入植者によって課された強制労働を拒否したために、フランスのセネガル狙撃部隊が再び島を制圧し、一九〇三年まで占拠を続けた。[1]

(1) これは島に住んで占拠していた官吏の報告である。この報告は、暴動を引き起こし、結果として軍事的介入を招くような、それまで植民地政府によって隠されていた入植者のひどい行為を本国の当局に知らせるものであった。

4 グランドコモロ島

以上の三つの島は、一人のスルタンによって統治されていた時期が長いのに対し、グランドコモロ島は複数のスルタンによって分割されていた。そのなかでも中心的なバンバオとイツァンドラの二人のスルタンは、スルタン・ティベという最高位の称号をめぐって争い合ったが、それも他の領地を支配する宗主権を意味するものではなかった。他の島と同様に、各スルタンの権力は絶対的なものからは程遠かった。

通称「ムウェニェ・ンク」と呼ばれていた、バンバオのスルタン、アーメドは、ポルトガル王の家臣だと自ら表明していたが、マダガスカル人の襲撃に対し、期待していたモザンビークからの援護を受けることはできなかった。また、すでにイツァンドラのスルタンを支持していたイギリスとの関係を築くことにも失敗した。イツァンドラのスルタンの脅威に対し、アーメドはマイヨット島を手中に収めたばかりのフランスに援助を求めた。フランスの軍艦はイコニ村を砲撃し、イツァンドラのスルタンを降伏させた。しかし、一八七一年にはイツァンドラの新たなスルタン、ムサフム・ベン・フェフムが勝利を収め、老いたアーメドは囚われの身で死亡した。

アンジュアン島のスルタン、サイード・オマールの息子のサイード・アリは、アーメドの孫にあたり、マイヨット島で、フランス人憲兵によって育てられた。アンジュアン島のアブダラ三世と、モエリ島のアブデラフマンによって支持を受けたサイード・アリは、グランドコモロ島に戻った。ムサフムと同盟を結ぶことができなかった彼は、バジニを拠点としてムサフムと戦争を始めた。ザンジバルのスルタン、サイード・バルガッシュの肝入りで敵はイギリスの援護を受けていたにもかかわらず、一八八三年、フランスのたいした協力もなしに、サイード・アリはグランドコモロ島を奪取した。そして、今度はムサフムが投獄されて死亡した。

当時、フランスは、サイード・アリによる保護の要請を、マイヨット島の司令官や海軍からの忠告に従って拒否した。しかし、グランドコモロ島に入植していた非凡な一人の人物が、フランスの代わりとなった。フランスの文部大臣ジュル・フェリィの助言に従い、レオン・アンブロは一〇パーセントの利益と引き換えに、望む土地と労働者をすべて提供するという驚くべき契約を、バンバオのスルタン、サイード・アリと調印した。(1)

(1) 一八五二年にフランスのナンシーで野菜栽培業者の息子として産まれたアンブロは、すぐれた才能に恵まれており、まず国立自然誌博物館の庭師になった。そののち、植物を採集するために何度かマダガスカルを訪れ、コモロへも、初めは植物を研究するためにやってきた。

ドイツの援護を受けていたバジニのスルタンであるハシムは、イツァンドラのスルタン、フム・マジャニの支援を失ったサイード・アリの軍隊を攻撃した。彼はサイード・アリを捕え、フランス海軍が介入する前にモロニを占拠した。しかし、一八八六年一月になってフランスは軍隊を上陸させ、ハシムはズィリマジュまで退去させられた。(2)

(1) この時すでにイギリスは島を放棄したようである。また、一時イタリアによる介入の試みがあった。
(2) 現在の首都モロニの南側にある郊外。

一八八六年一月六日、マイヨット島の司令官は、アンジュアン島やモエリ島と同様な、「島内での案件に関するフランス政府の支配的地位」を認める条約に調印した。ドイツはハシムを支援しつづけ、ドイツ東アフリカ会社のカール・シュミット博士はシンディニと島の東部にドイツ国旗を掲げた。しかし、フランスの外務省は、タンガニーカにおける新たな占領に関するすべての野望を断念しつつあったドイツを放置しておいた。

フランス人の新たな入植が進められたが、長びく反乱の影響は大きかった。海軍が設立した新会社は、ハシムをマダガスカルのディエゴ・スアレスに追放した。ハシムは脱走し、バジニに戻って戦闘を再開したが、結局フランス軍によって制圧され、一八八九年六月二十日にニュマミリマの近くでフム・マジャニとともに死亡した。(1)

(1) ハシムの軍指令官の一人であるアラウィ・モハメッドは生き残り、のちにアンジュアン島のオスマンの軍隊を指揮した。

以来、アンブロが、彼の行動を抑制しようとする駐在公使を押さえつけて支配者となり、一八八九年には自らが公使として指名されるまでになった。しかし、一八九〇年十二月に民衆の反乱が起こると、サイード・アリは女性に変装してモエリ島に逃亡せざるをえなかった。デュボワ将軍によって指揮された軍隊による砲撃、村の焼き討ち、強制収容によって、一月六日には、サイード・アリが再任され、権力の半分をフランス公使に譲渡するという条約が結ばれることになった。しかし、アンジュアン島で廃止された奴隷制はなおも存続し、アンブロは彼にとってそれ以上よい条件は望めない賃金制度を作り上げた。

一八九三年六月、襲撃を受けて怪我を負ったアンブロは、その首謀者としてサイード・アリを非難した。彼はマイヨット島の総督からサイード・アリを退位させる認可を得た。陰謀によってサイード・アリは海軍の船に乗せられ、まずはディエゴ・スラエスに、次にはレユニオン島に追放された。フランスの公的な代表者であり、裁判所長であり、島の唯一の会社社長であるアンブロは、二〇〇人の人員をもつ私的軍隊の指揮者でもあった。アンブロは被雇用者に自分の店で買い物をすることを義務づけ、さらに高利な貸し付けを行なった。彼が道路建設において貢献したことは事実だが、彼の暴挙により、当時、グランドコモロ島民の多くが強制労働から逃れるために隣の島やザンジバル島へと逃亡した。

しかし、政府の視察や調査委員会によって、アンブロは公使の職から引退させられ、一九〇四年三月二十九日には、マイヨット島の総督が奴隷制を廃止した。パリでは、長いジャーナリズムを通じた運動と訴訟のあとに、一九〇九年、サイード・アリが復権を獲得し、一九一二年にはアンブロから賠償を勝ち取った。一九一四年三月二十日のアンブロの死から二年後、一九一六年二月十日、このコモロの最後のスルタンはマダガスカルのタマタヴで死亡し、ニュマジュの彼の領地に埋葬された。

5 諸島の併合

フランスは、マイヨット島への進出に続いてすぐに、一八八六年の「保護領」条約を手始めとして、まだ主権を保持していた三島の併合を推し進めた。マイヨット島の総督が、残りの諸島の併合を主張したのは一八九五年以降だが、すでに少なくとも一八九二年にカバールという地方政府が廃止されてからは、実際に影響力をもつようになっていた。しかし、諸島に在住するアメリカ人やイギリス人の勢力を警戒し、一九〇四年になるまで、三島の法的な併合は行なわれなかった。一九〇八年四月九日、第二の政令により、マイヨット島とその属領はマダガスカルの植民地に併合させられた。一九一二年七月二十五日の併合に関する法律は、この政令を承認したものにすぎない。かくして、一八一四年から一八九六年にはレユニオン島と、一八四三年から一八七七年にはノシ・ベと併合されていたコモロは、マダガスカルの属領となった。だが、当時すでに諸島はフランス政府の関心を失っており、すべての分野における開発が遅れた。その結果はいまになって明らかである。

6 植民地大会社の時代

小規模で、わずかな資力しかもたない植民地政府に対し、コモロの発展を進めたのは、植民地会社であった。(1) 一九〇四年の政府による報告は、アンブロによる支配体制を「国家のなかの国家」と呼んだが、その独占も初めのうちでしかなかった。アンジュアン島のバンバオのスルタンから六〇〇〇ヘクタール以上ある農地を引き取ったブワンとルグワンは、フランスのグラスにおける香水製造業者ド・シリスと手を結び、「バンバオ植民地会社」を設立した。一九〇七年の創立以来、SCB（バンバオ植民地会社）はマイヨット島の農園、それからアンジュアン島のパツィ、ポモニの農園を買い足し、一九三八年にはアンブロの土地を購入してグランドコモロ島に子会社（SAGC）を設立するようになった。第二次世界大戦の末期にはSCBの支配は巨大なものになり、耕作不可能な土地以外のすべての土地が会社の雇用農民によって開墾されてしまったかのようであった。

(1) 重大な例外として、行政官のバウメは四〇年の間に、石による道路の敷設を進め、諸島内に交通網を張り巡らせた。また彼はグランドコモロ島に貯水漕を建設し、ボーイスカウト風の活動を推進した。異議もある方法によってではあるが、彼は数多くの職人を育てもした。

表4　SCB—SAGC所有の土地面積

島	面積（ヘクタール）	総面積に占める%
グランドコモロ島	五三二〇〇	四六
モエリ島	五五〇〇	二二
アンジュアン島	一四〇一〇	三七
マイヨット島	六〇〇〇	一五

（典拠：フロベール 1975）

ニュマケレ会社（NMKL）や、マイヨット島のカウェに設立されたマダガスカル香料栽培会社（SPPM）など他の会社も、次第に、SCBと競合するようになった。また他にも、フランス人やクレオールの多くの個人的な入植者が、より小さなプランテーションを設立した。これらの入植者の多くはコモロ人とよい関係を保っていたが、会社のほうは一般的に嫌われていた。人口過密による圧迫が強まり、とくに耕作可能な土地の四分の三が会社の所有地となっているアンジュアン島では、土地問題が深刻であった。土地を求めて農民たちは徐々に山の斜面の森や、会社の土地へとはみ出していった。

一八八〇年頃にはサトウキビの生産が四〇〇〇トンにまで達したが、一九五五年にはズモニュの最後の工場が閉鎖された。一九〇〇年〜一九三五年頃にかけて、レモングラスやバニラが、サトウキビに取って代わった。香料やコプラの優位は変わらなかったが、一九六〇年代には麻が、そして一九七〇年代からはクローブがそれに続くようになった。これらの投機的な栽培の動きは、国際的競争と総合的な卸売業の出現に伴ったものである。この時期の経済史は危機と変動の連続であり、コモロの経済は次第に世界市場に依存するようになる一方で、地域的な利益のための生産はまったく顧みられなかった。

植民地会社が躊躇したにもかかわらず、コモロをマダガスカルに併合した一九四六年の法令によって、コモロには「進展が可能な」行政組織が設立された。行政官の諮問機関である県議会は、一九五二年に、非政治的問題に関する議決権をもつ地方議会となった。農地委員会（一九四八年から一九五〇年）は、スルタンによって賃貸されていた土地の譲渡に関する「整理統合」（すでに一九四二年に実施された法的純化に基づく）を、一九四九年から一九五三年にかけて成功し、また、他方では、きわめて慎重な農業改革を実行した。それにより、（非合法的に、あるいは会社の合意のもとに）食料生産に当てられていた会社所有地の区画を「村の保有区」とした。

一九五六年十一月十五日に施行された「ドゥフェール」基本法によって一定の解放が進められ、二種類の有権者が統合された。それ以降、完全な権利をもったフランス人市民と、イスラム教徒である市民とがともに県議会議員を選出するようになった。県議会は独自の行政権限をもっており、大きな権力をもたない行政委員会を選出した。議会はモロニに設置されたが、まだ行政委員会は高等官庁のあるマイヨット島のザウズィでいつも開催されていた。

一九五八年九月二十八日の国民投票において、コモロ人はフランス共和国内にとどまるという判断を下した。しかし、一九五七年以降、議会内で政治的対立が起こり、一九五九年、県議会は、行政委員会に対する不信任決議案を可決する権限をもった下院（国民議会）となった。

Ⅲ　内政自治から独立へ（一九六一〜一九七五年）

1　制度的改革

独立へと向けた制度的改革は、根本的な改革というよりも、政治家たちの要望を満たすかどうかを基準にして進められたように見える。一九六一年十二月二十二日に施行された、内政自治に関する初の法律によって、「高等評議会」が「フランスの高等弁務官」に取って代わられた。それ以降、式典などでは、国民議会によって選出された行政委員会の議長に高等弁務官が席を譲るようになった。地方の権利についても限定的に掲げられたが、重要な問題に関してはまだ本国が権限を握っていた。しかし、一九六八年一月三日に出された内政自治に関する第二の法律では、フランスの権限が縮小され、自治領の法律が普通法とされた。国民議会は自由にその組織[1]を決定することができ、それ以降、国民議会が可決した法文は、「議決」よりも誇り高く、「法令」と呼ばれるようになった。

（1）独立直前における議会の議員構成はグランドコモロ島から一八名、アンジュアン島から一三名、マイヨット島から五名、モエリ島から三名であったために、人口の多い二つの島のコモロ人がこの自由に乗じて組織を変革することはなかった。

しかし、マイヨット島分離運動の弾圧を狙った議会が、領土の統一達成に対する反逆罪を制定した第六九-〇一法案は、パリの閣議による命令で一九六九年に破棄された。

2 政治的、社会的改革

一九四六年から一九七〇年にかけては、サイード・モハメッド・シェイクが政治を掌握していた。彼は一九六一年までパリで下院議員を、そしてその後は亡くなるまで行政委員会の議長を務めた。「緑の党」の創設者であるサイードは、北側の三つの島では尊敬されていたが、独裁的で怒りっぽい性格で、モロニを新首都にすることに固執し、それに不満をもつマイヨット島民に嫌がらせをしたために、マイヨット島民の態度を硬化させ、島の分離を導くことになった。

海外では、ダルエスサラームに本拠を置くMOLINACO（コモロ解放運動）が、一九六三年に初めて独立を主張した。タンザニアと旧ロシアの支持を受け、A・M・サギールとアブバカール・ブワナに主導されたこの運動は、マダガスカルや東アフリカに離散したコモロ人や、諸島内の若い学生からある程度の賛同を得た。彼らは素早くアフリカ統一機構と国際連合において外交的成功をおさめ、彼らのラジオ放送はよく聞かれていた。しかし、この運動から派生したコモロ内のPEC（コモロ進歩党）は、選挙で大きな成果を得ることはなかった。

一九六八年からは、サリム・ヒミディ、アブドゥルカデル、ファズルらに主導されたPASOCO

（コモロ社会党）が、諸島内で勢力を広げ、独自に独立を主張した。PASOCOは、ASEC（一九六七年にマルセイユの会議で設立されたコモロ学生同盟）ほどは極左主義的な表現法に囚われてはいなかったが、それでも、「大衆から離れた」スタイルの新聞『独立』（Uhuru）をフランス語で出版していた。

一九六八年一月、モロニのリセの学生がデモを起こした。[1] 憲兵隊の暴力的な鎮圧と投獄によって若い世代は衝撃を受け、新たな政党RDPC（コモロ人民民主連合）の設立を決意した。

（1）飛行機事故の犠牲者を救出しようとした学生の働きを略奪と解釈したORTF（フランス・ラジオ・テレビ放送局）の記者の人種差別的コメントに対して起こされた。

一九七〇年、サイード・モハメッド・シェイクのあとをサイード・イブラヒム王子が継承した。このサイード・アリの息子は、繊細で協調的な性格で、フランス贔屓《びいき》であり、マイヨット島民をなだめるよう尽力してフランスからより多くの投資を獲得した（しかし、諸島を訪問したジャーナリストは、王子の「孤独」について述べている）。一九七〇年十一月、労働大臣であった若き官僚アリ・ソワリヒの横暴に対抗するため、有力者の四人の大臣が辞職したことで、彼の政府は分裂した。この時期から、コモロの政治状況はひどく悪化していった。一九七〇年十二月二十二日、国民議会の議長とパリでの上院議員を兼任し、米の輸入で莫大な財産を稼いでいたアーメド・アブダラが、モロニにある商店の前で鉄棒によって襲撃された。

また、この時期には、ムザワール・アブダラやサイード・バカル・トゥルキなど若い改革派の官僚により主導された新たな「白い党」RDPCが台頭した。この政党は、UDC「緑の党」やUMMA「白とオレンジの党」といった古くからの政党や、左翼系の政党のなかにあって、よい位置を獲得した。一九七二年六月十二日、RDPCは王子を辞職に追い込み、九月十日には緑の党と連合した。この連合によって設立された「ウズィマ（統一）党」は、独立というスローガンを礎《いしずえ》にしていた。一九七二年十二月二十二日、ウズィマ党はアーメド・アブダラを大統領に就任させ、「友好と協力による独立の達成」に向けた交渉を委任した。

コモロの指導部は、フランスの他の旧植民地にくらべて、自分たちがより大きな損害を受けていると感じていた（海外領の約半数と同様に、コモロは全海外領に割り当てられていた総額の十分の一さえほとんど受け取ることはなかった）。一九五八年に独立したマダガスカルでは高等教育の就学率が三三パーセントであるのに対し、コモロではまだ二五パーセントにしか達していなかった。そのため、独立はよいことと考えられていた。地主や商人などの政治家の階級は、進歩主義政党の要求に自分たちで応えようとした。しかし、それは責任をよりよく果たすためというよりは、フランスへの配慮と、より多くの助成金を獲得するためであったようだ。

一九七三年六月十五日、「ウディノ通り」(1)での折衝によって、明確な法的価値はないものの、自治権をさらに拡大する二つの政府間の「共同声明」が出された。

(1) 海外県ならびに海外領省は、パリのウディノ通り二七にある。

① 今後、コモロ「政府の大統領」はフランスにおいて国家元首として迎えられ、高等弁務官は「フランス共和国の国会議員」となる。

② 「地方の権利と利益を認める地方分権的な政治」が実施されなければならない。

③ 五年以内に民族自決の国民投票を行なう。(しかし、投票の算出方法が諸島全体なのか、島ごとであるのかは明確にされていなかった)。

④ 独立に肯定的な結果ならば、国民議会に憲法制定の権限が与えられる。

3　最終的段階

フランス政府の支持によって自信をもった急進的な与党は、その態度を固め、独立に向けた協調的な移行を準備するのではなく、急速に事を推し進めようとした。一九七三年十一月十二日、リセの学生によるデモが激化し、「羊の議会」と揶揄されていた国民議会は焼き討ちにあった。この騒動を鎮圧するため、レユニオン島に駐留するフランス軍への出動要請が出され、一九七四年二月まで戒厳令状態が続くことになる。

あらゆる地方分権化の動きはアブダラ大統領によって無力化された。[1]その上、彼は、マイヨット島の分離運動との歩み寄りや、野党との対話もすべて拒否した。これに対し、一九七四年、ウンマ党を中心とした野党が連合して国民戦線を組織した。この野党勢力の運動は、フランス議会との緊密な結びつきをもっていた。

（1）フランスの控えめな地方分権制から着想された、フランスの行政官が準備した一九七二年に出された法律案でさえ空振りに終わった。

一九七四年十二月二十二日の投票では、独立に賛成する票が四島の総計で九五パーセントに達した。しかしマイヨット島では、独立賛成が五一一〇票に対し、独立反対が八七八三票あった。

野党は憲法制定議会の招集を主張したが無駄であった。アブダラ大統領は、六月十二日に取り決められた規定により、国民議会のムザワル・アブダラ議長が提出した地方分権の憲法案を検討することさえ拒否した。そこで議長はフランスに訴え、すべての政党を集めた憲法制定議会（モーリシャス島のケースをモデルにした）を組織するよう要請した。しかし、議長の意見は議会の開催に反対する多くの地方議員によって否認され、一九七五年四月十九日に、彼は辞職を決意した。当時、彼は『ル・モンド』紙に次のように書いている。

「もしもフランスの国会がコモロの問題を無視するならば、七月の一方的な独立宣言はまことに危惧すべきものである。この宣言は破滅的なものとなり、独裁制への道を開くことになるだろう」（『ル・モンド』紙、一九七五年四月二十六日）。

マイヨット島の分離運動やFNU、それにいまやウズィマ党内部からも抗議を受けて、アブダラ大統領の権威は大きく揺らいだ。一九七五年初めには、フランス議会の使節が、モロニとザウズィにおいて対立の広がりを調査した。[1] 一九七五年七月三日、とくに熱の入った議論の末に、フランス議会は独立を回復する法律を採択し、独立をすべての政党による憲法の準備と島ごとの選択に委ねることにした。

(1) ザウズィでは、「われわれは自由であるためにフランスに残留することを希望する」と書かれた幟がいつも掲げられていた。モロニでは、国民戦線の党員が、「貿易大統領」の金もうけ主義を告発するプラカードを先頭に、デモ行進をいち早く行なった。

一九七五年七月六日、群集で埋め尽くされた国会において一方的な独立宣言がなされた。これは英雄的な帰結ではあったが、無鉄砲な企てとしては、破滅的なものであった。フランス議会によって侮辱されたアーメド・アブダラは、断固として自分の対面を保とうと決心し、不本意ながら、MOLINACOの過激派による計画を実行したのである。それまで「パリ側の人間」と見なされていたこの卸売り商人は、逆説的にも、歴史における「独立の父」となったのである。彼は、引きつづきコモロ国家の最初の元首となった。しかし、この劇的な行為が、マイヨット島の分離運動に予想外の勝利をもたらすこととなり、マイヨット島はフランスの法律に従い、ただちにフランスにとどまることを宣言した。

第三章　コモロ人

この依然として封建的な伝統的社会における近代化の影響はごく限られており、コモロ諸島の人びとは、多くの面でいまだに「未開」である。マイヨット島問題に関してパリで開かれた略式裁判の経緯を明確に浮かび上がらせるためにも、また、独立した三島で一九七五年から一九七八年にかけて起こったアリ・ソワリヒによる革命の意味を理解するためにも、ここで、コモロ社会の習慣や風俗について概観しておくことが必要である。

広くいえば、コモロは、北はモガディシュから南はモザンビーク（昔のソファラ）、そしてマダガスカルまでの、アフリカの東側に広く分布しているスワヒリ系集団の一つである。この海洋と商業の文明は、アラブ人の一族とイスラム化したアフリカ人との混血が住む国家、都市、海岸部の港や諸島へと広がっている。[1]

（1）地図1の斜体の名前を参照。

だが、コモロ人を一つの民族として語ればよいのか、それとも複数の民族として語るべきなのかは、難しい問題だ。四島には多くの共通する要素が存在しているが、各島間の差異とともに各島内にも多様性が見られるため、コモロ人の集団的同一性はとても複雑なものになっている。

I 民族の混淆

コモロ諸島は、アラブ、ブラックアフリカ、インド洋各地の交差点であった。アフリカ人とアラブ人の影響が主要なのは明らかだが、同様に、切れ長の目などアジア系の痕跡や、インド、マダガスカル、ヨーロッパなどの要素も見出すことができる。厳密にいえばコモロ人の典型などは存在せず、全体が混血の度合いの少しずつ異なるスペクトルをなしている。マイヨット島におけるマダガスカル系の村や、一般の島民とはかなり異なる方言を話すコニ・ジョジョをはじめとするアンジュアン島の高地にあるいくつかの村など、少数の民族集団も存在しているが、そのほとんどは混血している。主要な町の商業地区に住むインドやパキスタン系の人びとは特殊なケースである。彼らは、たとえ数世代前からコモロに住んでいたとしても、自らの言語を話し(1)、ある範囲での内婚を行ない、フランス国籍を手放さず、マダガスカルや東アフリカ、さらにインド本国に住む他の家族との結びつきを保とうとする。

(1) 一六三六年にアンジュアン島を訪れたピーター・マンディは、すでに、グジャラティ語を話すインド人商人の存在について記録している。

しかし、少数集団の存在は全体としての同質性を揺るがすものではなく、少数集団も自分たちの言語とともにコモロ語を用いている。民族の混淆は各島においてほとんど同様である。島々の間に存在する違いは、各島内で「町」と「田舎」を分けている、不鮮明だが深い亀裂ほど、決定的なものではない。町の人はより目鼻立ちのはっきりしたアラブ的特徴をもち、多くの場合、より白い顔色をしている。田舎の人はアフリカ系の系統が占めている。

「田舎」と「町」の区分は、地理的というよりも、社会的カテゴリーの区分のようだ。大きな町のなかには、預言者の子孫である「シャリフ」として崇められる家系を含む、アラブ人一族の子孫が住む貴族階級の地区と、昔の奴隷の地区との区別が存続している。二十世紀初頭にそうであったようには、こんにちでは、この区分ははっきりしたものではない。ただし、時間の経過と新たな敵対関係の発生によってぼやかされてはいるが、それでもなお、古い対立が密かに潜んでいることは確かである。

Ⅱ　宗教の同一性

イスラム教は、コモロ人の生活に完全に滲透した非常に強力な絆である。コモロで信奉されている多数派のスンニー派に属するイスラム教は、きわめて厳格なシャーフィイー学派である。[1]全世界のイスラム教徒と同様に、コモロ人はコーランに由来するイスラムの五つの義務《イバーダート》、すなわち「信仰告白《シャハーダ》」、一日に五回の「礼拝《サラート》」、金曜日に店や会社などで乞食が要求する「喜捨《ザカート》」、ラマダーンの月に「断食《サウム》」を遵守すること、メッカへの「巡礼《ハッジ》」を尊重している。巡礼を行なうために、毎年約一五〇〇人のコモロ人によって五〇〇万コモロフランが集められる。

（1）ドミニク・スルデル『イスラム』（クセジュ叢書三五五番、PUF社）参照。

礼拝への呼び声が大きな拡声器によって村中に伝えられ、宗教的な生活が時間のリズムを刻んでいる。義務としての金曜の礼拝はとりわけ厳粛に行なわれる。日中には完全な断食を行ない、夜にはご馳走が並べられるラマダーンの月は、年の変わりであるイード・アル・フィトルの日に終了する。この日には家が新しく塗り替えられ、食器や洋服箪笥も新調される。年を区切るのは、アブラハムの犠牲を記念するイード・ル・カービルや、預言者の生誕を祝うマウリドの儀礼、そして預言者の昇天の月であるミラージなどである。これらの祭りは太陰暦に従っており、毎年、月の運行に合わせて調整される。

誕生後の最初の断髪式《ウメアア・ニエレ》や少年の割礼などは、家族による重要な儀式である。一般に、とても保守的な社会的、政治的生活のあらゆる側面に、宗教の影響が及んでいる。しかし、イスラム色に染まった慣習の周辺には、確かにイスラムであるものと、迷信や逸脱・異端《ビドア》であるものとを切り離すことが難しい領域も存在している。

その多くがイスマーイール派（アーガー・ハーン派）であるインド人は、独自のモスクを持っている。

Ⅲ　言語の同一性

コモロ語はしばしば、タンザニアの公用語である標準スワヒリ語を基本とするザンジバル島で話されている言語に近いものだとされてきた。だが、多数のコモロ人の印象を確認した最近の研究では、この同一視に対し、多くの人が異議を示している。アフリカのバントゥ系の言語とアラビア語から取り入れられたきわめて多くの語彙の二つが存在しており、基本的な統語法は典型的なバントゥ系のものであるが、語彙の約三五パーセントはアラビア語である。しかし、この二つの言語は相互に理解しあうことができない。それに対し、四島のコモロ人同士は、どうにか相互理解が可能である。

グランドコモロ島の方言（シンガジジャ）は、その古風さと、とても古いバントゥ系語族の移民の存在を示すと思われるより複雑な言語形態とによって、他の三つの島からはっきりと区別される。他の三島の方言、アンジュアン島方言（シンズアニ）、モエリ島方言（シムワリ）、マイヨット島方言（シマオレ）は、相互にかなり近く、むしろペンバ島やラム島など、スワヒリ語系の島嶼部の方言を思わせる。マイヨット島方言は、いわば四島の共通分母的な言語を成している。しかし、この言語は、同じ島のオーストロネシア起源の言語集団に属するマダガスカル系の言語（キブシ）とはまったく異なる。これは、複数の方言があるマダガスカル系言語のなかでもサカラヴァ族の方言にきわめて近い。

Ⅳ 文化の同一性

新たな噴火や溶岩流が一変させる古い火山層の変化が諸島の地形を構成しているように、コモロの文化は、基本的にはアフリカの要素から形成されているが、アラブ・イスラムがもたらしたものに覆われ、混ざり合い、改変されている。文化の寄せ集め状態は、後年に定着したアラブ人が行なった奴隷(マクワ人など)の輸入によりもたらされた、新たなアフリカの影響によってより複雑なものになっている。コモロ文化の諸側面は、アフリカとアラブというこれら二つの構成要素の、緊密で、固有な関係を示している。

1 口頭伝承

アルファベット化の進行によって急速に減少する危機にあるものの、まだ基本的には文字よりも語りが重要なコモロでは、四島に共通して、豊かな物語や伝承が子供たちに語り伝えられている。最もよく見られるテーマは、貪婪《どんらん》な動物に関するアフリカ起源のものや、アブ・ヌワの物語群などアラブやペルシア起源のものなどである。コモロの宗教的実践において犬は不浄な動物であるが、物語のなかではしばしば善行を行なう存在だということは、些細だが興味深いことである。

2 音楽とダンス

音楽やダンスは社会生活のあらゆる場面に存在している。最も一般的な音楽は、とても古い労働の歌やダンスのリズムである。主な伝統的楽器には、各種の太鼓、ガブシという五弦の小さなギター、ガザという藁で作った一種のマラカス、ンズマラという高音のフルートなどがあり、楽器演奏者が音楽とダンスをリードする。

町で催される儀式のダンスには男性のものが多い。全島で見られるズィファファ、グランドコモロ島のジャリコ、アンジュアン島のラザハなどでは、男性が長剣やステッキをもって踊る。女性たちは伝統的なヴェールを被り、少し離れてバルコニーなどに集まり、男性の踊りを陰ながら補助する。彼女たちは、アラブ世界の習慣である甲高いヨーヨー（高い声を出しながら口のなかで舌を震わせる表現）によってのみ自分たちの興奮を表わす。しかし、大結婚式のときには女性たちも自分たちの踊りを組織し、杵をもって臼の周りを踊るワダハやタリなどを頻繁に催す。レレママというダンスの時など、女性たちは、しばしば木の棒で拍子を打って歌やダンスのリズムをとる。男性と女性が一緒に集うのは、諸島全域で見られるトワラブの時だけである。

より庶民的なビヤヤ、シゴマ、ムショゴロもまた、男性のダンスである。アニミズムの儀礼と結びつき混ざり合ったようなダンスも広く見られる。ンゴマ・ヤ・ニョンベという一種の闘牛や、とくにラマダーンの月にアンジュアン島やマイヨット島で盛んなムレンゲというボクシング大会などの娯楽もある。トゥンバは、トランスや憑依を伴う儀礼である。アンジュアン島のニュマケレにおけるティンバや、ワニ地区におけるンコマといった儀礼的行進は、海岸で行なう農作物の豊穣祈願儀礼であり、異端的な乱痴気騒ぎを特徴としている。[1]

（1）J＝C・エベールを参照。

現在は大変多くの音楽バンドが存在しているが、彼らにとって重要なのは、楽曲の違いより、電気楽器をどれだけ多く使用しているかということのようだ。伝統的な音楽のテーマと新たな創造性とを調和させている若手の音楽家のなかでも、アブ・シハビは大衆的で、かつ繊細な詩によって、ボブ・ディランを彷彿とさせる。

3　演劇

演劇は、主として、お笑いか風刺ものである。台本はなく、大まかなテーマや手本に沿って演じられ、驚くべき巧みさで著名な人物の物まねをして揶揄する。

4　遊び

村ではトランプやドミノ遊びがとても人気がある。ムラハ[1]も村人が多くの時間を費やす遊びである。ムラハとは、四列に並んだ四八個の穴を彫った木製の盤で、二人の遊び手が交代に自分の穴に小さな玉を振り分けるゲームである。

（1）アフリカやアジアに広がっているマンカラに似た遊び。

5　料理

料理の種類は豊富である。青い食用バナナ、マニオク、米などが主食であり、少量の肉や魚が入った香辛料のよくきいたココナッツ風味のソースが添えられる。これに、マニオクの葉を杵でついてペースト状にしたマタバを添えたものがコモロの典型的な食事といえるだろう。乾燥したサゴヤシの実を煮込んだンツァンプンは、強い臭いがするが珍重されている。野菜や豆類も、主食やソースに入れて食べる。グランドコモロ島のティベは、肉と、ココナツミルク入りのご飯、醗酵させたミルク、蜂蜜や砂糖黍のシロップを盛り合わせたものである。ピラオやサンブッサ、鶏のココナツ煮など、多くの料理はマダガスカルやインド起源である。また、ハルワ、マルドゥフ、ムカテワシニア、シホンドなどのお菓子類は、ほとんどがアラブ起源である。

伝統的な飲み物としては、ココナツジュース、ウブというお米の汁、多種類のハーブティー、ココヤシの樹液を多少発酵させたテンボなどがある。

6　建物

家は堅材でできたものと、土や植物でできたものがある。伝統的な小屋は、木材を組んだ上に土を塗りつけて作る壁と、ココヤシの葉を編んだ屋根からできている。グランドコモロ島では、壁も編んだ葉で作られる。竹もたびたび用いられる。ラフィアヤシの屋根はマイヨット島に特有なものである。近年では、屋根や壁に波形鉄板を用いることが広まっている。

おそらく六〇〇以上はあるモスクの多くは、玄武岩によって造られており、イコニやムツァムドゥのようにきわめて高いミナレットによって飾られているものもある。古い町の、貴族階級が住む地区には、曲がりくねった、ひんやりとした路地が網の目のようになっている。三階や四階建ての家にはほとんど家具はなく、壁のくぼみ台が主な整理棚になっている。町は、昔の人びとが議論しに集ったバングウェやバラザと呼ばれる広場の近くにある、装飾のほどこされた大きな柱廊によって飾られている。石やコンクリートでできた建物のほとんどは、珊瑚の塊を焼いて作った石灰乳で白く塗られている。イツァンドラやイコニ、ムツァムドゥ、ドモニなどにある要塞は、マダガスカルからの襲撃があった時代を思い起こさせる。

7　工芸

男性の職人は急速に減少している。彫刻された木の梁や扉、マルファという聖典を置く台などはまだ見ることができるが、伝統的な小型円テーブルや刃とどめなどは珍しくなってきた。皮を編んだり結んだりして作ったサンダル（マクバジやジラトゥ）は、プラスティック製のサンダルに取って代わられてしまった。

男たちは女性が刺繍を施したコフィアという白い布の縁なし帽を被る。女性は染色した茣蓙《ござ》も編む。ジョホやジュバという、金で刺繍された儀式用の豪華なマントの製作は、金や銀の装身具店とともに存続している。刺繍した服を着た人形作りはアンジュアン島に特有のものである。素焼きの香炉はグランドコモロ島のフンブニでいまもって作られている。

現在では、グランドコモロ島に見られる黒一色のブイブイや、アンジュアン島の緋色を基調としたシロマニといったヴェールは、多くの女性たちから見向きもされなくなっている。彼女たちは、レソという鮮明な色の綿布をよく着用する。また、女性はムシンザーノという白檀《びゃくだん》の粉末をマスクのように顔に塗り、ヘンナから作る染料で手の平や足に模様を描く。シピニという金のピアスを鼻につけているのは、いまや最も年長の者たちだけである。

8　古文書

古い書物は、主としてアラビア文字で手書きされた歴史伝承であり、一族の宝とされていた。最も有名な作品は、サイード・カービの作とされるイスラム教の聖者エル・マールフ礼賛の書であり、これは碩学なポール・ギーによってフランス語訳されている。

9　呪術的慣習

呪術的慣習もまた、アフリカやマダガスカル、アラブの影響を反映している。トゥンバという儀礼は、ムワリム[1]という呪術師が、イスラム教とは無関係なジニやシェトワンなどと呼ばれる諸々の霊を呼び出すために開く、とても原始的な儀礼である。ズィヤラと呼ばれる岩場や木などの特定の場所は、聖なる場所として人びとに避けられている。アンジュアン島のタテンガ湖やジェジェ湖などに住む巨大なウナギは、迷信的な崇拝の対象であった。精霊憑依の現象が広く見られ、マイヨット島ではきわめて頻繁に見られる。

(1) おそらくムワリムの正しい翻訳は呪術師よりも千里眼者や霊媒者であろう。フォントイノンとラオマンダヒによる記録はこんにちでも通用しそうである。

バドリは、お守りを作ったり、なんらかの目的で神の祟りを引き出すために都会でよく行なわれる、コーランを用いた呪術的実践である。占星術はこれらの迷信を支え、引き立てる役割をしているようである。

イスラム神秘主義教団であるリファァイー教団の成員は、ムリド儀礼のなかでトランス状態に陥り、刀や針で身体を貫くことで高い名声を得ている。

10 法律

コモロの法律は、ミンハージ・アッ・ターリビーン(1)と、その注釈書に基づくイスラム法を基本としている。しかし、ある種の慣習はコモロに特有のものである。たとえば、グランドコモロ島に特有なマニャフリという制度は、共通の祖先をもつ女性の子孫と傍系親族のために不動産を確保する母系制の名残りである。また、四島に共通するシュングは、グループの成員の一人に関わる慣習的儀式、とりわけ祝祭の開催のための出費を分担する相互扶助的集団である。この慣習は、それぞれの会食者が受け取る米や肉の量をあらかじめ準備できるように、綿密に体系化されている。

(1) この法典は、一二七七年に死んだ、ダマスのイスラム学校の教師であるアン・ナワウィによって編纂されたものである。

コモロは、母方の叔父がしばしば父親に匹敵する重要性をもつような社会であり、父系出自集団と母系出自集団の対立や、さらにワクフ[1]という寄進財産制度の存在が、土地制度を複雑なものにしている。それは、まるで、対立が多発する錯綜した迷路のようである。対立は、シュアラと呼ばれる談合や示談によって解決されるか、さもなければ、カーディー（イスラム教の司法官）はごくわずかな権威しかもっていないことが多いので、とくにアンジュアン島では抗争へと発展することもある。

（1）用益権が宗教的な団体に割り当てられる死手譲渡財産。

11 伝統的慣習

日常生活の多くの側面が諸々の慣習によって決定されている。とくに田舎で行なわれているムサダは、同世代の年齢グループによる相互扶助のシステムである。アリ・ソワリヒの時代に若者の革命委員会により再開されたグングは、文字通りの追放処分である。泥棒などをした犠牲者は、灰を塗りつけられ、カタツムリの殻の首飾りを掛けられて、群集の嘲りのなかを村中引き回され、最終的には永久に村から追放される。

すべての慣習のなかで最も重要なのは大結婚式《ンドラ・ンク》（あるいは伝統的結婚式《ハルシ・ヤ・アンダ》）である。近年でも、男性が満四十歳頃になり、子供の範疇を出て公的な発言権をもつ大人になるためにはこの通過儀礼が不可欠なものとされている。花嫁の側から新居が提供される代償として、花婿は金の装飾品などの贈り物や豪勢な祝祭を主催する。一般的な規則として、コモロでは女性が家の所有者であり、一夫多妻の夫は自分の家を持たずにこちらの家からあちらの家へと渡り歩く。(1) 大結婚式の祝祭は、牛を屠殺し、肉を食べる特別な機会である。すでに慣習的結婚式を行なった村のすべての男達が、正当な権利によって招待される。祝祭はキンビジ、ジファファ、トワラブなどの一連のダンスや、贈り物を披露する「栄誉のシロップ」という歓迎会などから構成される。儀式全体の経費は三〇〇〇フランスフランにも及ぶ。労働者の月給がおよそ二〇〇フランスフランの国において、これは相当な金額である。イスラム教とは直接的に関係ないにもかかわらず、この伝統的な慣習のもつ社会的強制力は、メッカ巡礼よりもさらに大きなものであるようだ。高額な結婚式の費用を調達しようと、かつて多くの者が海外へと旅立っていったほどである。(2)

(1) 政府の建物や、男性が自分で建てることが多くなってきた近代的な建物などは例外である。
(2) 大結婚式が最も盛んなのはグランドコモロ島である。

V　海外移住民の団結

インド洋やフランスの各地に存在するコミュニティでは、他所では見られないような、コモロ人同士の結束が感じられる。コモロ人は、マダガスカル（おそらく未だ四万人以上が居留している）、タンザニア、ケニアなどに数多くおり、現在ではレユニオン島やフランスに移住する者が多い。彼らは、ダンケルクやパリにも現われるが、とくに南フランスに好んで住んでいる。ルヴォワホテルのあるマルセイユの地区は完全にコモロの雰囲気である。漁師や夜警、作業員などとして働く彼らは、ほとんど周囲の人びととなじむことはない。

第四章　マイヨット島問題

I　マイヨット島分離主義の起源――遠因と争点

マイヨット島の分離は、もともとザウズィからモロニへの首都移転を発端として起こったものである。岩石でできた小さな島であるザウズィは、首都として本来必要な土地を確保できなかった。十九世紀にはマムズゥに新たな行政都市を建設する計画があったが、その事業は継続されず、初期に建てられた建物は崩壊してしまった。しかし、川がなく、活火山の麓に位置しているモロニもまた明らかに理想的ではなく、モハメド・シェイクの固執がなかったら選択されることはなかったであろう。むしろ、アンジュアン島にあるパツィの峠付近のほうが涼しく、川も流れており、適切な場所であったであろう。

一九五八年五月十四日、コモロ領議会において首都の移転を要求する議案が採択された。それに対し、同年十一月二日には、ジョルジュ・ナウダが議長を務める「マイヨット島名士会議」が設立された。これが一九五九年五月には「マイヨット島の利益保護連合」となり、諸島の県制施行を主張するようになった。一九六〇年六月十日、コモロの新たな地位がさらに「進展する」ものであることを求めた決議が領議会において採択されたとき、他の議員が自治を目標としていたのに対し、マイヨット島の議員は県制施行を念頭に置いていたのだ。

一九六〇年に始まった移転の影響は、大蔵省の部局が移転した一九六六年になるまではっきりとは実感されていなかった。だが、実際、この移転はマイヨット島における多くの雇用（連絡係、運転手、警備係、料理人、妾など）の喪失をもたらした。この年には、「マイヨット島人民運動」（MPM）の二人の代表的な指導者も登場した。一人はツィラナナの政府によってマダガスカルから追放されたゼイナ・ムデレ夫人であり、もう一人はマルセル・アンリである。(1) 運動員たち（アンリ、アドリアン・ジロー、ユヌサ・バマナなど）は、本国や自治領にいる有力者との関係を確保していた。一方、島内では女性たちを前面に押し立てるという要領を彼らは心得ており、ゼイナ・ムデレを運動の代表とし、ザイナ・メレを事務局長とした。地方におけるMPMの宣伝活動が上首尾に進んだのは、この巧みな分業による成果である。フランスではマルセル・アンリが、マイヨット島が他の島とは根本的に異なるということを認識させるために、精力的に活動を展開した。この努力は、次に挙げる重大な事件をきっかけにして、確実に聴衆を獲得するようになった。

(1) ゼイナ・ムデレはコモロ人の出自をもつが、マルセル・アンリはフランスとマダガスカル人の混血で、マダガスカルの側にあるサント＝マリ島の生まれである。この島は、住民の多くが反対したにもかかわらず、独立したマダガスカルとの連帯を存続させた。

一九六六年八月二日、運動の盛んなプティトテールに政府の建物である滑走路があったことから、サイード・モハメド・シェイクがザウジの空港で投石を浴びた。

一九六九年十月十三日、諸島統一の支持団体である「セレ・ラ・メン（握手）」が、新たな大統領に忠誠を示すためにモロニに出向こうとしたところ、MPMの活動家によって攻撃された。すぐに地方の軍隊によってMPMは追い散らされたが、未熟な軍隊は手榴弾を使用して死亡者一名と負傷者二十名を出した。騒動は数日間続き、アンジュアン島出身者の多くが離島する騒ぎになった。

フランスのジャーナリズムは、マイヨット島の自主独立主義は単純であり、社会政治的要因を過小評価しているとしばしば書きたてた。たとえば、いち早く植民地化されたマイヨット島は、他の島よりもいっそうフランス化されていると思われつづけていたが、当時、マイヨット島の学校教育は他の島よりもずっと遅れていた。運動の基盤となっていたたくましい夫人たちの大部分は、フランス語を話すことができなかった。また、島の人びとはクレオール的カトリック教徒であり、マダガスカル人であるとも考えられていたが、実際には、クレオール語を話すのはおよそ五〇家族でしかない。約四〇パーセントの人びとはマダガスカル語系方言を話しているが、この集団は同様にコモロ語も話し、典型的なコモロ人の村の人びとよりもフランスへの愛着がむしろ少なかった。さらに、マイヨット島民の九九パーセントはイスラム教徒である（もし、一つだけ「異なる」島を挙げるとすれば、それは明らかに火山のあるグランドコモロ島である。この島の伝統や言語は他の島より古いものである。最も似た二つの島といえば明らかにマイヨット島とモエリ島である）。

二つの大きな島に対する不信は、実際のところ、首都の移転によって生じた過去の失望というよりも、それほどはっきりとした形ではない理由から生じたものである。人口密度の大きな違いによるアンジュアン島民のマイヨット島への移住[1]は、かなり古くから始まったものである。その多くは一般に労働者や企業家であり、政府による優遇を受けた移民の経済的成功によって、移住はさらに盛んになった。アンジュアン島やグランドコモロ島の名士がイスラムの家父長的側面や保守的側面を強調したことによっても状況は悪化した。モエリ島の女性にも多少言えることだが、マイヨット島の女性たちは、母権制とまではいえないにしても、きわめて強く解放的なのだ。マジュンガのコモロ人コミュニティから来たシェイク・サイダリ・ヴィッタという人物は、独立以前の全期間を通じて、分離運動の女性活動家に対抗する説教を行ない、男性的権威の復権を主張したことでとくに有名である。

(1) 第六章の人口問題を参照。

この潜在的な社会的緊張は、反逆する島を従わせようとする新首都の権威が振りかざすさまざまな横暴によって、繰り返し悪化した。たとえば、マイヨット島分離派である「戦士党」の運動員の公務員に対して、投資信用貸付のけち臭い封鎖が不当に行なわれた。独立以前に事態の鎮静化を試みたのは、イブラヒム王子ただ一人であった。彼は、分離派指導者の兄弟だが、より穏健な、マルティアル・アンリ博士を厚生省の大臣に登用した。また同様に、彼は、長らく拒否されてきたマイヨット島民の要望を受け入れ、プティトテールとグランドテールを結ぶ交通を確保するための船を注文した。

「戦士党」は、綿密な政治的プログラムをもっていなかったが、「マイヨット島の利益保護」に関する項目のリストはつねに「握手党」よりも充分に長いものであった。実際、モハメド・ソワリが後援する諸島統一派の「マイヨット進歩青年連合」が、二〇パーセント以上のの賛同を得ていたのは、ほとんど例外的であった。

Ⅱ フランスの政策

ザウズィの指導者と同様に、モロニの指導者たちは一般的に、自分たちの問題は、諸島内部ではなくパリにおいて解決されるほうがよいと考えていた。しかし、フランスの責任者はといえば、和解をしっかりと組織したり、公明に調停しようとする代わりに、非常に多様な対応を示し、苦情に応じて、その時々によって統一側に味方したり、分裂側に味方したりした。

少なくとも一九一二年以来、一つの政治的単位としてフランスに見なされてきた諸島は、トータルな結果のみを考慮した国民投票によって独立を果たすべきであったろう。にもかかわらず、充分に詳細な方針については触れられることなく、フランス指導部によって次のような声明が出された。

一九七二年一月三十一日、海外県ならびに海外領土省の当時の大臣であったピエール・メスメールは、次のように述べている。「一三〇年前からマイヨット島はフランスであり、もし島民が望むならば、同じだけフランスに残ることができる。そのために人びとの意見を問うとしたら、その場合には島ごとに国民投票が実施されることになるだろう」。同様に、アンリ・レイとミシェル・ドゥブレもこの立場をとった。

一九七三年の「六月十五日の合意」では、今度は逆に、この面倒な問題は、注意深くうやむやにされた（MOLINACOは国連の非植民地化委員会において、この沈黙を領土統合を破綻させる準備であると告発した）。

一九七四年以来、海外県ならびに海外領土の閣外大臣であるオリヴィエ・スタンは、諸島の統一を保証する声明を繰り返した。

一九七四年九月十八日、『ル・モンド』紙は、ヴァレリ＝ラド夫人を代表とするマイヨット島民を支持する委員会の設立を発表した。また、ピエール・プジョーは、『フランス展望』誌において、マイヨット島のフランス残留のために尽力した。

一九七四年十月二十四日の記者会見において、フランス共和国大統領は完全独立に賛成する立場を示したが、それはまた、この問題に関するフランスの政治的躊躇をよく表わすものでもあった。

「たとえその住民に共感を覚えるにしても、諸島の一部が独立し、一つの島だけが異なる立場をとるという考えは、道理にかなったことであろうか？」

「私は、時代の現実を認めなければならないと思う。コモロは一つであり、つねに一つであった。彼らは運命共同体なのだ。たとえ実際には彼らの一部がそう（フランスへの帰属を）望みえるとしてもである。このことは当然われわれに関わることであっても、われわれがそれに結論を下すことはできないし、そうすべきではないことである。たとえ彼らの一部が他の解決を望んだとしてもである。領土の独立に際して、われわれはつねに一つであったコモロ諸島を壊そうなどとは考えていない」。

しかし、つづく十一月六日には、上院は住民投票の実施に関する法律案を修正し、「住民」（La Population）の意見を問う代わりに、「諸島住民」（Les Populations）の意見を問うというように変更した。

一九七五年六月には、国会やジャーナリズムでいっそう激さを増した論争が広がりを見せたが、意見は完全な食い違いを見せていた。コモロの政治家には、フランスの国家元首によってなされた発言[1]が国会の裁決によって否認されうるということが理解できなかった。多数派である最保守派の議員は、コモロの問題に関してほとんど表面的な知識しか持ちあわせておらず、この問題を歴史の流れに反したものとすることに熱を上げた。行政側[2]は尻込みして修正案を採択し、そのことが結果として、モロニの一方的な独立と、それによるマイヨット島におけるマルセル・アンリの勝利を直接的にもたらすことになった。

(1) このような保証は、ミッテランだけでなく、一九七四年の大統領によるキャンペーンにおいてジスカール・デスタンによっても書簡の形で示された。

(2) 政府が四十九条の手続きに訴えることができたということを考えなかったなら、一括採決の要求（憲法第三十四条）を予想しえたかもしれない。

マイヨット島はきわめてゆっくりと分離独立へと近づいて行き、一九七五年十二月十日、当時国会の法律委員会の議長であったジャン・フォワイエは、「コモロ、マイヨット、フランス」というタイトルの報告書に関して、国連のフランス代表であったルイ・ドゥ・ギレンゴーを激しく非難した。フランス議会に差し戻されたこの報告書は、実のところ、マイヨット島が妥協することによってコモロ統一を回復するという提案であった[1]。

(1) 多くの点で興味深いこの報告書は、次のように結論している。「もしもマイヨットが海外県や海外領土として認められるとしたら、さらに何が起こるであろうか？　マイヨット島は他の島よりも貧困で困ることはなくなり、ついには影響力に飢えた強大な国家の関心と、発展に大きな困難をもつ、明らかに同じような状況にあるこの地域において、マダガスカルや他の諸島を刺激する〈嫉妬の中心〉をわれわれは作り上げることになるのだ」。

一九七五年十二月三十日、左翼政党の議員六一名の手によって握られている憲法制定委員会は、コモロ側の要求を拒否して三つの島のみに独立を承認し、マイヨット島で住民投票を実施するという法律案がフランス憲法に適合するという判断を下した。

Ⅲ　国際的影響

しかし、一九七六年にマイヨット島で実施された住民投票は、国際法に基づいて一九六〇年十二月十四日に提出された国連総会決議一五一四XY（しばしば「非植民地化憲章」と呼ばれるもの）に対する違反とされた。この声明は次のように明確に述べている。「一国家の領土統一を、全面的にであれ、部分的にであれ、壊そうとするあらゆる行為は、国連憲章の原理や目的とは相容れないものである」（六条）。たとえこの声明の法的効力について議論[1]の余地があるにしても、国連総会は、植民地化された領土が、独立を達成した時には、植民地行政下における自らの国境を保持すると考えた。実際には統一が存在しなかったアフリカやアジアの国々の分裂を避けるためにこの原則を厳密に適用することや、民族的、宗教的、言語的、文化的に自然な統一性が見られ、それほど衝突を引き起こすようには見えないコモロに対して、この原則に背くことは逆説的である。

(1) P・デリエ『資料研究ノート』三七二四番、ドキュマンタシオン・フランセーズ参照。

それゆえ、一九七五年十一月十二日のコモロの国連加盟では、明白に四つの島が含まれていた。二月六日以降、フランスはマイヨット島で準備されていた最初の住民投票に対する非難を回避するために、住民の自由意思決定の原則を引き合いに出し、安全保障理事会における拒否権を行使しなければならなかった。

国連総会は、各会期において、コモロの領土統一を支持し、きわめて穏やかにではあるが干渉を行なった。たとえば一九七七年十一月二日には、「正当で、公正な解決」を共同で見出すようにパリとモロニの代表を呼び寄せている。

アフリカ統一機構はより断定的な態度で干渉した。会合において提出された解決案では、フランスによる「コモロの島であるマイヨット島の不法な占拠」が告発された。一九七七年九月、解決を検討するために、アフリカ統一機構は七か国からなる特別委員会の会議をモロニで開いた。同様にアラブ諸国あるいはイスラム諸国における非同盟国の集まりでも、フランスに反対し、より慎重にその立場を非難する決議が出された。

これらの国際的議論のなかで、フランスはしばしば頑《かたくな》で、狡猾な意志を示した。たとえば、海軍基地の建設がそうである。四つの島のなかで唯一マイヨット島は防衛面でめぐまれた停泊地であり、ジブチとレユニオンの間に位置しているため、インド洋におけるフランス海軍を支えるすぐれた「中継基地」となりうるのだ。

経済的理由もまた考えられる。マイヨット島の環礁は、諸島の全海域における漁業にとって必要な、生き餌のすぐれた供給地であり、破壊されやすい環境の保護地域になっているのだ。

これらの理由は明白であるが、より微妙で、より決定的な理由が存在したことを知らなければならない。最後の「フランス帝国の栄華」(1)へのノスタルジックな執着がそれである。マイヨット島へのこだわりは、三色旗を見て自由の保護や繁栄のイメージを抱く人びとに対する、自然な共感に由来するのだ。また、国際的議論への対抗と同時に、ジスカール・デスタン大統領によって少し前に行なわれた一連の社会改革に対抗し、国会において古参親衛隊UDRが示した不平不満も関係している。マイヨット島問題は、明らかに、フランスの国内政治におけるちょっとした巻き返しの機会として利用されたのだ。

(1) J=G・ギルボー・スイユの作品(一九七六年)の題名による。

つまりは、この種の政治は入念に準備されたものであるというよりも、ほとんど偶然的に行なわれるものであり、その契約や決定に行為の統一性を見出すことはきわめて困難だと言わなければならない。

Ⅳ　県制への移管

マルセル・アンリの指導下にMPMは分離を要求し、それがアブダラ大統領による一方的独立宣言のおかげで実現した暁には、引き続いて分離独立を主張した。彼らにとって分離独立の主張は、最大限の経済的利益をもたらすものであり、フランスとの長い関係を維持する最良の保証をなすものに思えたのだ。

他の三島の独立に続く一九七五年七月十四日、マイヨット島はフランスの代表を招いて勝利の祝祭を開催した。七月二十一日、マイヨット島の議会が、ユヌッサ・バマナという人物を新たな知事にでっちあげた。モロニにおいてアリ・ソワリヒのクーデタが起こる二日前の八月一日、MPMの兵士がデモを行ない、島の行政府を占拠した。MPMの兵士はきわめて迅速にグランドテールにその地盤を固め、「握手党」の有力なメンバーは、比喩的にも、また、文字どおりの意味においても謝罪させられることになった。たとえば、カニ・ケリ村の住民は独立賛成に投票したために、世帯ごとに一頭の牛と米一袋を「課税」された。[1]

（1）『統一』紙（一九七六年二月六日）のジャン・シャルパンティエ氏の記事。

十月十六日、国民議会の法律委員会で、海外県・海外領土省の閣外大臣が、マイヨット島の進路を民主主義的に決めることを宣言した。十月二十四日、コモロの統一を求める数百人の活動家（モロニの発表によれば二〇〇〇人）が、MPMの兵士によってダウ船に詰め込まれ、マイヨット島から追放された。この時には、頑固に抵抗する者を脅かす外人部隊や、憲兵隊も干渉することはなかった。追放された人びとの多くはアンジュアン島出身者だが、マイヨット島の「真の」ナショナリストを主張する島民もまた多かった。このMPMによる追放は、平和的にマイヨット島を取り戻そうとするアリ・ソワリヒの試みに、一か月ほど先立つものであった。

一九七六年二月八日の住民投票において、マイヨット島民は黄色い投票用紙を選び、九九・四パーセントが「フランス共和国内への残留」を表明した。[1] 独立反対の票が六四パーセントだけであった一九七四年十二月の結果とは異なっていたとしても、フランスの司法官が結成した委員会によってあらかじめ選挙人名簿が確認されており、この投票が明らかに有効なものであることに異論はないであろう。二回の投票の差は、最初の投票において不正があったことと、グランドテールの人びとに対するMPMの勢力拡大によって説明できる。

(1) フランス語を話せるコモロ人の割合はきわめて限られており、読める者はもっと少なかったので、投票者が選択できるように投票用紙を色分けすることが必要だった。

一九七六年四月十一日、二回目の住民投票の結果にもまだ不満なMPMは、勝ち誇ったかのように、自分たちの優勢をさらなる投票で表明しようとした。八〇パーセントの有権者がMPMによって印刷された（したがって無効な）分離独立を表明する投票用紙を投票箱に入れたが、より堅実な村では有効と見なされた九七パーセントの投票が、統治領の地位の放棄（つまり暗黙に分離独立）を要求した。

この多数の投票にもかかわらず（あるいは、おそらくこの投票が多かったために?）、一九七六年の十二月二十四日、フランスの国会によってマイヨット島に最終的に適用されたのは、「海外県的特別自治体」という特殊な地位であった。そのうえ、三年の期限がもうけられ、島の県議会が完全な分離か、場合によっては別な地位か、どちらかの新たな選択を主張しうることが法律で定められていた。[1]

(1) 一九七九年十二月二十二日の法律によって期限は五年間に延期された。

現在、他の三つの島と比較して、マイヨット島の分離は次のようなことを実際にもたらした。

① 一九七六年二月二十三日から、コモロのCFAフランに代わりフランスフランの流通が施行。
② マイヨット島ラジオ局が開設された（より多くの聴衆はラジオ・モロニのほうを聞いているようだが）。
③ レユニオン島との民間の航空連絡が結ばれ、レユニオンの銀行代理店ができた。

④　最後に、行政サービスやフランス語による学校教育の目覚しい発展。

Ⅴ　解決の見通し

パリにおいて起草され、一九七八年十月一日に制定されたコモロ・イスラム連邦共和国憲法では、「マイヨット島内」への法制度の適用期限は、「島の行政がコモロ共同体に返還された」その日から開始される（四七条）と定めらた。さらに、島のいずれかにおいて違法な強権発動があった場合には、「各島はその領土に対し、連邦共和国に付与されたすべての権限を暫定的に行使しうる」（四四条）とされた。この表向きは連邦制をとる新たな体制は、最大の保証つきでコモロの統一にマイヨット島の席を確保することを認めるものであった。他方、経済的に低開発ないくつかの海外県において、人口の大きな割合が、仕事がなくても、つまり完全な依存によって生活することを可能にしているフランスの社会保障や公的扶助に関する制度は、マイヨット島では現在まで部分的にしか導入されていない。ヨーロッパ風に生活する多数のフランス人公務員の存在（一八〇名）は、下っ端の職しか得られないコモロ人の地方エリートの大きな欲求不満を産み出さずにはいられない。

失望が高まる前に、コモロ共和国への漸進的な復帰を計画するか、五万一〇〇〇人の住民に対して社会的特権を与えることで満足させなければならないだろう。しかし、その特権は、地方の農業生産に致命的な影響をもたらし、(食料生産はすでに衰退している)、元の農業による生活に後戻りすることを不可能にしてしまうものである。過去一五年の経験をみると、二者択一のどちらにも同時に身を投じるという可能性を残念ながら排除しえない。

第五章　革命とその挫折

I　最初のクーデタ

一九七五年七月六日の一方的な独立宣言は、フランス共和国大統領に、「冷静に受け止められた」。新しいコモロ国家は、すぐにギニアとアルジェリアによって、承認された。独立の父であるアーメド・アブダラはフランス軍の撤退を要求し[1]、七月二十三日には、グランドコモロ島のヴァジュのキャンプに駐留していた外人部隊が退去した。政府はフランスの地方機関との交渉にとりかかったが、この交渉はマイヨット島問題でつまづいた。

（1）当時のラジオ放送による国家元首の声明はひどく面食らわせるものであった。「未来の出来事に関する責任はフランスが負うことになる。われわれは肉であり、フランスはナイフなのだ」（七月七日）。「軍隊、外人部隊、憲兵などは、自由な議論のためにできるだけ早く撤退せよ」。

八月三日、アーメド・アブダラが不在のおり、サイード・イブラヒムの政権で大臣を務めたアリ・ソワリヒによって組織されたクーデタが発生した。彼らは数時間のうち、血を流すことなく計画を実行し、FNU（国民統一戦線）を拠点として、サイード・モハメド・ジャファルを大統領官邸へと導いた。当時、『ル・モンド』紙で「慎重、かつ大胆なテクノクラート」と書かれたクーデタの首謀者は、副次的地位にとどまった。

ただちにラジオ・ブラザヴィーユが、このクーデタを煽ることになったフランスの帝国主義を非難し、当時、そうしたフランスに対する批判が広がりをみせた。[1] しかし、それでもなお、パリとモロニの関係は閉ざされたままであった。

（1）たとえば、『ラ・クロワ』紙は、「いずれにせよ、ジャファール王子のクーデタがパリにおいて予測されていなかったことはまったく疑いない。マイヨット島のデリケートな問題を解決するための重要な機会が訪れたようである」（一九七五年八月五日）と書いている。

対立する者同士の同盟から生じる不調和は、すぐに、政治団体同士の抗争として表面化した。国民行政委員会は、確かに、すべての島の代表によって再組織された（そこにはMPMの代表の一人であるクリスチャン・ノヴら二人のマイヨット島民も含まれていた）。しかし、元の大臣職は「代表」や「委員」といった新たな職務にとって代られた。

国防省と法務省の代表となったアリ・ソワリヒは、まず、モハメド・タキの勢力地盤であったグランドコモロ島北東部にあるンベニ村に新たな政府機関を設立した。しかし、九月二一日に銃撃戦が起きて三人が死亡し、アリ・ソワリヒは腕に怪我を負った。続く一九七五年九月二十一日の日曜日、六名の西欧人の傭兵に指揮された一二〇名のマピンドゥジ（革命人民軍）が、アーメド・アブダラ大統領の島であるアンジュアン島に飛行機で上陸し、アブダラは数日後に降伏した。

ムザワル・アブダラに導かれた（「調整の任務を負った」）代表団が、フランス政府との暫定的合意を得るための交渉と、公式にマイヨット島の再統合を果たすための法的保証を提案するために、パリに赴いた。しかし、議論は中断された。なぜなら、コモロの代表団が新たな国家としての国連への加盟を拒否したからであり、また、十月十六日の国民議会においてオリヴィエ・スタンが、フランスがマイヨット島で調査を実施すると述べたためである。

十一月二十一日、アリ・ソワリヒと彼の五〇名の兵士が、武力行使なしに、四つ目の島に国の機関を設立するべく、DC4型飛行機でザウズィに降り立った。彼は、フランス政府やMPMが昨日の友としてふるまうことを期待していた。[1] しかし、MPMの活動家と数時間にわたる衝突を繰り広げたあとで、フランスの憲兵隊が間に入り、この「赤い行進」（兵士が赤と白の格子模様のネッカチーフをしていたので）を空港から外に出さないようにしながら、デモ隊を押し返した。

（1）とくにマルセル・アンリは、一九六九年の『ル・モンド』紙に次のように書いている。「サイード・モハメド・シェイクの政府との対立は、もはやマイヨット島民だけのものではない。徐々に多くのグランドコモロ島民が、われわれが連帯する抵抗人民運動へと集結しつつある」（『ル・モンド』紙、一九六九年十一月十三日）。

パリにおける交渉の失敗と「赤い行進」、それにすべての技術サービス部門の支配を確立するために行政委員会によって出された条例の結果として、一九七五年十一月二十七日、フランスの代表であるアンリ・ボーは、二つの国家間で「協力の合意がないため」、すべてのフランス人公務員を近々本国に帰国させるとラジオで告げた。数日のうちに、フランス人の公務員や憲兵隊は定期便や特別便の飛行機でパリかマイヨット島に避難させられた。[1] この撤退は少しのもめ事もなく実行され、当時、人びとはおおむねこれを一時的なものと思っていた。

(1) 当時、モロニに住んでいたのは、公務員ではない経済協力基金の係員と、農園主、企業家、私有企業（エア・コモロ、マダガスカル・コモロ銀行、IRAT、SCBなど）の雇用者、それに、コモロ政府に直接雇われた者（著者の一人はその立場にあった）などだけだった。

フランス人公務員の撤退は、事実上、民間航空、通信、病院、ラジオ放送、リセなど、大部分の重要な公的サービスにおいて資格をもつ技術者がいない状態をもたらした。

十二月十九日から二十日にかけての夜、メッカ巡礼中のサイード・イブラヒム王子がジュッダで死亡した。彼の遺体は飛行機で運ばれモロニに埋葬されたが、王子が「彼らのもと」に埋葬されることを強く望むイコニの住民によって、ある夜、墓があばかれ、「取り戻され」た。アリ・ソワリヒによれば、彼の死によって「彼の世代で唯一、利害関係ではない関係を名士たちと持つ人物」が消滅したという。

八月三日のクーデタの首謀者であるアリ・ソワリヒは、一九三七年一月七日にグランドコモロ島のシュワニ村で生まれた。ノジャンの国立熱帯農業研究センター（ここで彼は人びとに強い印象を残した）で農学を学んだのちに、労働大臣、SODECの局長を歴任した。彼が「田舎の」生まれであること、職業的、政治的な農民との結びつき、「大結婚式」という慣習に従わないことなどは、保守的な名士から反感を買った。しかし、いわば彼の代理人であった王子の権威が、その批判を和らげていた。王子の死去によってアリ・ソワリヒは、まだ封建的な政治システムにおけるかけがえのない精神的支柱を失ったのである。

Ⅱ　アリ・ソワリヒの時代

1「国家の統合」(1)

一九七六年一月二日、革命行政委員会と革命国家委員会のメンバーは、ジャファール王子の代わりにアリ・ソワリヒを国家元首に選出した。(2)

（1）この章で用いられる括弧つきのタイトルは、一九七七年に開催された各種のセミナーにおいて行なわれたアリ・ソワリヒの革命に関する分析から引用している。
（2） アリ・ソワリヒと彼の副大統領であるモエリ島民のモハメド・ハッサナリは、ジャファールとトワリブが九票だったのに対し、一六票を獲得した。

首相にはアブディライ・モハメドを採用し、新大統領は統一国家政府を作り上げた。公的財政状況は深刻だった。技術的サービスはほとんど機能しておらず、思いがけない責任を背負わされても、時にはおどろくほど巧みに問題を切り抜ける下級な技術者の努力によってわずかに維持されていた。旧体制への抵抗者の多くが彼のもとに再集結したことで、伝統的な政治的分裂はなくなったかのように見えた。一九七六年二月、アリ・ソワリヒは、元大統領のアブドラが、外交パスポートを持って出国するのを放ってしておいた。

しかしながら、FNUの年長者の多くはこの国民的和解の政治に失望していた。彼らにはそれが、昔の「緑の党」（アーメド・アブダラの党員）やMOLINACOの過激主義者に対し、あまりにいい顔をしすぎているように見えたのだ。公務員の官位や、公務員の住宅、公用車などに関する諸々の規律を守らせようとする、多少の成果をあげた執拗なしめつけによって、この失望は、さらに大きなものになった。一九七六年四月三日に発生した、「国家元首の暗殺を狙う」陰謀に関わったとされる一二名の逮捕という事件は、この国民的和解の限界をよく示している。首謀者と見なされた者のなかには、アーメド・アブダラの強固な支持者[1]もいたが、FNUの指導者の一人であるサイード・バカル・トゥルキ博士も含まれていた。

(1) アリ・ムルジャエ、モハメド・タキ、オマール・タムーなど。

この「国家統合の段階」には次のようなことが行なわれた。

Ⓐ「人民軍」の創設。この軍隊は、まず六人のヨーロッパ人傭兵（アンジュアン島に上陸した者達）によって、次には西アフリカ人、その次にはタンザニアの士官によって統率された。

Ⓑ国交をもたない国家との外交の発展。これはムザワル・アブダラの責任によって進められ、彼はあらゆる場所でこの目的を追求した。彼は、諸外国から新国家とマイヨット島統治権の承認を獲得し、フランスの空席を埋めるための経済的援助を三島に引き寄せようとした。彼は何人かの巡回大使によって補佐されていた。(1)

(1) 社会主義国家に対しては、MOLINACOの古い指導者であるアブバカル・ボワナ。アラブや英語圏で名高い神学者であるサイード・オマール・アブダラ、通称ムウェニェ・バラカ。そして西欧の国家に対しては、エア・コモロの創立者であるイヴ・ルブレらである。

まず、コモロの外交代理を保証したセネガルとの間に、特別な関係が結ばれた。たとえ状況の完全な打開に到達することはないにしても、セネガルのサンゴール大統領は、フランス共和国大統領とコモロとの関係を「調停」する役割を引き受けた。中国は、経済協力に同意し、ソ連の非常にしつこい申し出が却下されただけにますます快く、モロニに在外公館を開設した。アラブ諸国との関係は、おそらくパリに集結した政治的反対運動のために芳しくなかった。(1)

(1) コモロは、アフリカ諸国に対しては彼らがアフリカの一部であるとし、アラブ諸国に対しては彼らがアラブ化していることを絶えず示さなければならないというハンディキャップを背負っていた。ジブチが承認したものの、アラブ連盟への加盟承認は「持ち越された」。当時、アルジェリア、イラク、それに一九七六年にモロニに技術的援助の施設を開いたクウェートとの関係はとくに良く、またリビアとも雲行きの怪しい関係をもっていた。

Ⓒ 苦心して実現したコモロ語によるラジオ放送の発展は、もちろんマイヨット島に関してだけでなく、共有する過去を再発見させることによって人びとの民族意識を高揚した。(1)

(1) 当時、ハサン・ジャファールの民族音楽の放送と並んで、ダミールによる歴史ドラマのラジオ放送は四島内でたいへんな人気を集めた。

Ⓓ 一九七五年の末に、必要な食料品の輸入を行なうための半官半民会社として、「コモロ食品会社」が創設された。だが、会社は苦難の道を歩むことになる。

Ⓔ　新たな行政区画として、三〇〇〇～六〇〇〇人の住人からなる、ムディリアという地区単位が定められ地方分権化が試みられた。各ムディリアの中央には、農業発展計画に基づいて配置された、地方の公共機関を収容するための建物の建設が進められた。

Ⓕ　憲法制定議会は、各島、各社会階層別の公平な代表を保証するという複合的なシステムによって組織された。平行して、憲法委員会が法学者と行政官によって組織されたが、フランスの憲法とほとんど変わることのない平凡な草案しか作り出せなかった。

同様に、この期間には、幅広い海外協力に関する独自な展開が見られた。アリ・ソワリヒはマダガスカルや西アフリカ、さらにハイチの技術者をコモロに招き寄せた。多様なすぐれた能力をもった彼らは、不幸にも、フランス人だけを尊敬する態度をとるコモロ人職員の偏見に立ち向わなければならなかった。[1]

(1) 一九七七年一月にリセが再開されたときに、文化技術協力機構から派遣された、チュニジア、ベルギー、カナダ出身の教師たちもまた同様な気分の悪さを感じさせられることになった。

2 「民主的革命」

一九七六年八月三日、クーデタを記念して、経済発展を促進するための社会改革について検討するため、教師、神学者、役人ら、知識人から成る会議が、モロニのホテル・アル・カマールの一室で開かれた。しかし、彼らエリートたちはいかなる具体的提案も出すことができなかった。青年委員会の設立を進めたアリ・ソワリヒは、非合法的な決定機関（「人民の力」）を利用して、改革の最も大きな障害となる伝統的慣習に対するキャンペーンを煽動した。①葬式の出費は条例によって制定された。②結婚式も同様に規制され、「大結婚式」の本質にかかわる誇示的な出費は違法となった。③首都の中心地であり、男性たちが政治的陰謀や議論を行なう舞台でもあるマグジュで開かれた集会で、数百人の女性が自分のヴェールを焼き捨てて以来、女性がヴェールを被ることはできなくなった。まず、各島の知事であるムハフィズが、公共機関や商人に対し、ヴェールを被った女性を受け容れないように厳命し、次には「人民の力」の若者がより強引に取り締まりを行なった。彼らにとってヴェールは単に女性の抑圧の標《しるし》であるだけでなく、農民たちがけっしてヴェールを被らなかったことから、それはまたブルジョワ階級の家族に属することの標《しるし》でもあったのだ。④ムガンギと呼ばれる呪術師、占い師、占星術師らも同様に、「委員会」によって執拗に攻撃された。委員会は魔術書を没収し、さまざまなやり方で彼らをいかさま師として笑い者にすることで、人びとの目を覚まさせようと努めた。彼らを表舞台から一掃し、反抗する者は古い雨水だめの独房に収容した。

すべての改革は、一九七六年後半に、きわめて早いペースで実施され、自ら破綻を招くことになった。地区や村の委員会の一部の若者たちは、軍隊による保護、とりわけ「コマンド・モワスィ」[1]の後ろ盾を受けた行きすぎた行為によって、町の住民の怒りをかった。

(1) この名前は、アンジュアン島上陸時に殺されたマピンドゥズィの名前である。とくに田舎出身の兵士によって編成されたモワスィ小隊は、いくらか意識的にアラブ系の一族を嫌悪した。

この激変に対し公然と抵抗することはなかったアラブ系の名士らは、噂という情報システムにより恐怖を増幅させた。たとえば、国家がすべての土地を没収し、アリ・ソワリヒとMOLINACOの長老たちは、コモロを「タンザコ」という名前にしてアフリカ黒人の国家であるタンザニアの統治下に置こうとしているだとか、死者の埋葬を禁止するだとかいった噂が流布した。

3 マジュンガの虐殺とシンガニの噴火

一九七六年十二月二十日から二十二日にかけて、コモロ人とマダガスカル人との家族間で起きた小さな事件をきっかけとして、マダガスカル北西部の港町マジュンガのコモロ人が、マダガスカル人に襲撃された。最初の衝突のあと、州知事によって出された夜間外出禁止命令により、コモロ人は自分たちの地区であるマビボから動けなくされてしまった。事態の鎮圧に消極的で、そのうえ暴徒に対し支持的でさえあった治安部隊に後押しされた若いマダガスカル人の襲撃を受け、コモロ人は大量殺戮された。一四〇〇人以上のコモロ人が殺され、彼らの家は略奪され、火をつけられた。生存者は、数日間、軍隊の基地の庭に詰め込まれた。

マジュンガの人口の半分近くを占めていたコモロ人はイスラム教徒であり、それゆえ一般に節度をわきまえ、裕福になろうという意志をもって労働者として移住してきた。彼らはしばしば職長や現場監督など、より貧困な人びとの恨みを買う職業に従事した。彼ら移住者は倹約家であり、マダガスカル人が借りている家の所有者であることも多かった。

生存者の不安な状況に対し、モロニの政府は、船と飛行機によって彼らをすぐに本国送還することを決定した。数週間のうちに約一万七〇〇〇人が収容され、そのなかにはひどい負傷を負った者もいた。彼らの一部は数世代に渡りマダガスカルに居住している家族の出身であり、コモロ語を話すこともできなかった。「人民の力」の委員会は避難民を収容するために全力を尽くした。避難民の数は一日七〇〇名にもなり、アンジュアン島やグランドコモロ島の村に振り分けられた。二か月間で、独立した三つの島の人口は五~六パーセントも増加したが、サベナと呼ばれる避難民はすぐに島の生活に同化した。(1) 委員会の指令の影響力や、コモロ人の生来の平和主義により、諸島内に住むマダガスカル人に対する報復的行為はまったく行なわれなかった。

（1） サベナとは、一九七七年一月にモロニとマジュンガ間の緊急のピストン空輸を行なったベルギー航空の会社の名前にちなんで帰還者につけられた呼び名である。比較として、一九六一年のアルジェリアの帰還者は、（経済成長を背景として）当時のフランス人の約一パーセントでしかなかったことを記しておく。

この悲劇は国際的な世論の注意をひくこともほとんどなく、コモロ政府は、マダガスカルとの関係を維持し、まだマダガスカルに住む四万人のコモロ人の安全を守るためにもきわめて控え目であった。

一九七七年四月五日、首都から南に二〇キロメートル足らずの場所で小さな火山の噴火が起こり、カルタラ山の西斜面に新たなクレーターが形成された。海まで流れ込んだ溶岩流は、シンガニ村とヘツァ村の一部をのみ込み、何百ヘクタールもの耕作地が失われ、道路が切断された。しかし、危険地帯から避難するときに起きた事故以外には、この噴火の犠牲者はいなかった。

4 「暗黒の時代(1)」

八月三日のクーデタ後も、実際には植民地時代から引き継がれた公職制度に変化はなかった。「内政自治」という安楽な時代に理不尽に膨れあがったコモロの行政組織は、異常な肥大と、首都への権力集中、フランス植民地政府のやり方への盲従といった性格を残していた。少数の教師や賃金労働者のなかにまれな例外もあるが、官僚の人材は、アリ・ソワリヒが大地主の最後の仲間と呼ぶ、都市に住む良家の一族の手にほとんど完全に握られていた。それゆえ、封建制を倒し、農地改革を実現しようとする「民主的革命」は、行政組織の完全な改造なくして達成することはできなかった。

(1) 公的な言い方は「過度期」であるが、われわれは広く使われている、より感傷的な呼び方をしたい。

数週間で、新たな基本法、最重要な文書資料の救済、重要な業務を行なう機関の組織などに関する草案が準備されたあとに、一九七七年四月十二日、アリ・ソワリヒは、政府、行政機関、公務員を解散する命令を下した。(1) すべての公務員は「母の元に帰る」よう促され、アリ・ソワリヒ自身、出生地のシュワニ村に帰った。高度な行政や、外交に関する書類などは安全に保管されたが、政府の古い役所書類は、見せしめのようにして焼かれた。こうして「白紙《タブラ・ラサ》」に戻された新国家は、四月二十三日に基本法を採択した。これは、一九七六年の改革によって下絵を描かれた地方分権的な行政組織を手直ししたもので、「宗教から分離した、社会主義的な、民主主義的共和制」を制定するものであった。

(1) 反抗的で評判の悪い地区と村の委員会にも、同様に命令が徹底された。

この綿密に準備された急進的企ては、国内においては異例の成功をおさめたが、その代償はコモロにとってひどく高くつくことになる。なぜなら、海外に対しては、完全に恒常的な無政府状態、あるいは「リセの学生に統治される国」といったコモロのイメージを流布させることになったからである。

5　「経済的側面」

新たな基本法の基盤には、まず地方分権的な行政機関（バヴ）が設置され、次に段階的に最小限の中央決定機関が置かれた。実際、中央機関は四つの大きな組織しか持っていない。すなわち、国防といくつかの専門的業務に関わる大統領職、外務、内務（より正確には教育や保健に関する公務）、そして財政と経済発展に関する企画センターである。また、新たな行政では、ラテン文字化されたコモロ語が用いられた[1]。

(1) 解散した公務員のなかから再採用された管理職（それ以降、教育者と呼ばれるようになった）は、ムシャンギリズ（改革者）のスルタン・シュズールの指導によって、一九七七年五月から六月にかけてンツジニ村で開かれたセミナーにおいて、革命政治の新たな語彙を習得させられた。第一に、公務員は出生地や親族によってではなく、能力を基準にして指名されるようになり、その意見は尊重された。

このスリムな政府とともに、運営が国営化されていない半官半民会社が設立され、それによって国家は、改革や国の基本的業務の活動を組織づけた。農業生産の分野では、自作農や個人による農業経営が要請された。個々の農業経営は、男性であれ女性であれ、農業従事者が他の農業従事者によって養成されるパイロットファームの周囲にまとめられる必要があった。なぜなら、農地改革や農地の整理統合は、農業生産の発展プロジェクトに合せて、同じ枠組みと同じ進度で、実施されなければならなかったからである。

実際、いくつかの経済政策（タマネギの栽培、バニラの管理の改良、漁場までのダウ船によるカヌーの曳航など）は、すでに三年間の試みによって目的を果たしていたか、実現間近であった。リジン含有量の高い混合種のトウモロコシの導入や、バニラ・丁子・バナナ生産組合の発展などが実現した。また、ムディリアや多数の教室の建設は、セメントで固めた火山滓のコンクリートブロックの技術を広く普及させることになった。[1]

（1）PNUD－BITの職業訓練プログラムの一環として、CINVA－RAM圧縮機が導入された。これは非常に経済的であり、かつ、森の木の伐採や、海岸の砂や珊瑚の採取を減らすことで、なによりも環境保護に役立った。

一九七八年二月に発表された開発計画は、第一の経済目標をこのようにまとめている。「完全雇用に向け最大限の努力をし、輸出高の減少なしに食料の自給自足を実現する」。

しかし、経済の成長は、深刻な財政的、政治的困難によって重荷を背負っていた。ムディリアの建設はセメントの備蓄不足によりたびたび中断した。新たな行政機関の公務員は給料が大幅に減らされること（最大六〇〇フランスフラン／月）を認めたものの、その支払いでさえ数週間遅れであった。使用可能な資金は肉体労働者の給料やセメントの購入に優先的に当てられた。[1] そのため失望感が蔓延することになり、一九七七年十月二十八日、ムディリアが完成するまでの任期延期を要求した国民投票で、アリ・ソワリヒは五五パーセントの支持しか獲得できなかった。

（1）主にアラブ諸国によって約束されていた海外援助は、幾人かの西欧のジャーナリストによってなされた革命に対するひどい評価のせいで大部分が保留された。パリにいるアーメド・アブダラの支持者が巧妙に出資者を丸め込んだのだ。

経済的、財政的困難からつのる不満は、いくつかの宗教的慣習を廃止しようとする人民政府の新たなキャンペーンによってさらに悪化した。海外に対し政教分離的な施政であることを示そうとした活動は、基本的に神秘的な内容をもついくつかの宗教的儀礼を標的にしており、それにより、シャズリィ教団やリファイー教団など保守的なイスラム教団の影響力を抑制しようとしていた。モスクを統制し、少なくともモスクが反対者の温床となることを防ごうとしたこのキャンペーンは、嫌がらせや侮辱によって消沈した。

アリ・ソワリヒに対抗する投票が多かったモエリ島では、一九七七年十月二十八日に反乱が起こった。国家権力はニュマシュワ村に派遣軍を上陸させることによって権威を回復するしかなかった。

一九七八年一月十四日、陰謀が発覚し、アバス・ジュスフが逮捕された。農民出身者（しばしば奴隷の子孫でもある）が多い軍隊とアラブ系の市民の社会的緊張はますます強くなった。この戒厳令のような状況は、一九七七年十二月から一九七八年一月の数か月もの長期に渡る米不足によって、さらに深刻になった。

一九七八年三月十七日、イコニ村で若者の委員会と村の長老たちとのいさかいをきっかけに、軍隊が市民に向けて発砲し、数名の死者と数十名の負傷者を出した。

委員会と公安機関はほとんどの出国ヴィザの発行を禁止したが、一九七五年以降、国家公務員の脱走がたびたび起こった。海外に使節として派遣されたり、マイヨット島に休暇で出かけた者は、二度と戻って来なかった。こうした出国に引き続いたのは、ダウ船やカヌーによってアンジュアン島から脱け出て、マイヨット島に渡り、レユニオン島を経由してフランスにまで行こうとする名士たち(兵士や委員会の若者さえ)の亡命であった。[1]

コモロの革命が終焉を迎えたのは、経済的、財政的な麻痺状態と、極度に高まった社会的緊張という状況においてである。

(1) フランスでは、フランス避難民協会が一三三名の避難民を収容した。

Ⅲ 復興

一九七八年五月十二日から十三日にかけての夜、サイード・ムスタファ・ムワジュ[1]と呼ばれる一人のフランス人に統率された五〇名の白人傭兵部隊が、「海洋学的」調査団のためと偽ってチャーターした貨物船によって、コモロに上陸した〔この傭兵部隊はパリにおいて、元大統領アブダラらによって傭われた〕。イツァンドラ村のゲンゲットの海岸に上陸した一団は、即座にフランスとの密かな合意を取りつけ、アリ・ソワリヒを拘束して、数時間のうちに軍隊を降伏させた。ラジオは「軍政による総裁政府」の設立を発表した。レユニオンの日刊紙によって傭兵隊の支配的役割が海外に知られるようになったのは数日後のことであった。

(1) この南西部出身のフランス人は、ボブ・ドナール、あるいはジルベール・ブルゴーという名前のほうが有名である。一九七五年にアンジュアン島の奪還を指揮したときにはジルベールの名前においてであった（しかし、しばしば書かれているように、八月三日のアリ・ソワリヒのクーデタには参加していなかった）。カタンガやイエメンなどにおける活動の数年後、一九七七年一月十六日にベナンの軍隊を指揮したのも彼である（一九七八年九月十八日付の『アフリカ・アジア』誌、一九八九年三月十六日付の『パリ・マッチ』誌参照）。

五月二十一日、モハメド・アーメドとともに新指導部の共同議長となった元大統領のアブダラは、モロニの空港で熱狂的な歓迎を受けた。二十八日から二十九日にかけての夜、数日前にフランスのテレビで手錠をかけられた姿が放映されたアリ・ソワリヒは、「脱走を試みた際」に撃ち殺され、シュワニ村に密かに埋葬された。

緑と赤の配色であった独立国家コモロの旗は、緑一色で、以前と同様に、イスラムを示す三日月と四つの島を示す四つの白い星が描かれた旗に変更された。国歌は廃止され、コモロ語に代わってフランス語が公用語となった。行政は慣例的なものに再組織され、それぞれが次官、官房長官、参事官などを擁する七つの省庁が設置された。

だが、傭兵隊の存在と彼らの権力への直接的な関与という異例な状況は、一九七八年七月八日にカルトゥームで開かれたアフリカ統一機構の大臣級会議からコモロの代表団が追放されるという事態を招いた。同様な理由から、タンザニアとマダガスカルはモロニ行きの航路を停止した。

しかし、一九七八年十月一日に実施された憲法改正の国民投票によって「平常化」が進められ、九九パーセント以上の賛成により「イスラム連邦共和国」が樹立した。この投票は、ボブ・ドナールが出国し、代わりにフランス正規軍の分遣隊の第一陣を乗せたトランザル機がレユニオン島から到着する九月二十八日に先立つかたちで実施された。共同議長のモハメド・アーメドは、アーメド・アブダラに席を譲り、唯一の候補者であった彼は、これも九九パーセント以上の票を獲得し、十月二十三日に大統領に選出された。

一九七八年十一月十日、パリとモロニの間で、経済的、軍事的協力に関する五つの協定が結ばれた。しかし、コモロ政府は期待した援助のほんの一部しか獲得できなかった。

一九七八年から一九八八年にかけて、アーメド・アブダラはしだいに専制的な権力を行使するようになり、一九八六年以降、傭兵の一人であるシャルル司令官によって統率された黒い制服の大統領警護兵に固く護衛されるようになった。(ボブ・ドナールの存在は軍事政策において重要であったが、むしろ表向きは目立つことはなかった)。

クーデタの企てと、それに対する鎮圧が繰り返された。一九八一年二月十四日から十五日にかけて起こった文民による最初のクーダタの企ては、すぐに鎮圧された。一九八一年十一月七日には、URDCの指導者であるムザワル・アブダラが逮捕され、禁固二年を言い渡された(一九八二年五月には恩赦を受けている)。一九八三年七月二十四日には、島の知事の選挙期間中にFD(民主主義戦線)の四〇名の兵士が逮捕された。一九八五年三月八日に、傭兵によって鎮圧された反乱を起こしたのは大統領警護隊の一部であった。同年十一月には、それに引き続いて新たな逮捕と訴訟が繰り広げられ、FDの指導者であるムスタファ・サイード・シェイクを含む一七名に有罪判決が下された。一九八七年十一月三十日、軍隊と元軍人による新たな陰謀が暴かれ、四〇名が逮捕され、拷問を受けるという事態が起こった。

この抑圧が効して、アーメド・アブダラは選挙で楽々と勝利を確実にすることができ、大統領の権限を強化しつづけた。彼は、一九八四年九月三十日に九九パーセントの票を集めて再選され、一九八七年三月二十二日には、彼の政党であるコモロ進歩連合(「青の党」)が、連邦議会におけるすべての議席を獲得した。一九八二年十月二十四日の憲法改正で、すでに理念的なものでしかなかったコモロ共和国の連邦制的性格はさらに弱められた。一九八五年十二月三十一日以降、アーメド・アブダラは、首相の職を廃止し、少々批判が過ぎるようになっていたアリ・ムルジャエの権力を退けた。アブダラの言い方によれば、これは、後継者候補と目されるムザワル・アブダラとモハメド・タキとを、ムルジャエと公平にするためになされたことであった。

一九八九年十一月五日、またもや暴力と逮捕が繰り返された投票において、投票者の九二・五パーセントが、三期目の六年間の任期を大統領に認める憲法改正を承認した。しかし、一九八九年十一月二十六日から二十七日にかけての夜、アーメド・アブダラはモロニの邸宅で短機関銃の掃射を受けて死亡する。

南アフリカのF・デ・クラークの政府が、傭兵隊と大統領警護隊に対する資金提供をやめる意志を示していた。これに対し、大統領警護隊は、自らの存続を確保するためにコモロ正規軍に取って代わろうとしたといわれている。彼らは、クーデタに見せかけて大統領を脅迫する作戦をにわかに行ない、ボブ・ドナールとアーメド・アブダラとの激しい議論の最中に、おそらく偶発的に、ドナールの部下の一人か、あるいはボディーガードによってアブダラが射殺されたのである。

国際的な非難を受けて、フランスは軍隊の示威作戦を余儀なくされ、十二月十五日、コモロから出国した傭兵隊に代わって、フランス軍が上陸した。一九九〇年一月には、最高裁判所の裁判長であるサイード・モハメド・ジョハールが大統領代理の地位を確保し、一九九〇年二月十八日に普通選挙を実施する予定が組まれた。

第六章　低開発

I　危機的な人口問題

1　一般的状況

大雑把な数字であるが、一八六六年にジュヴレイはコモロの人口を六万五〇〇〇人とし、一九三五年にはマニカッチが一二万四〇〇〇人としている。国立統計経済研究所が行なった一九五八年と一九六六年の二回の国勢調査では、より信頼できる数字として一九万二〇〇〇人と二四万六〇〇〇人という統計が出ている。かつてコモロには国家の名に値するだけの国民がいなかったが、一九八六年には四島の人口が四九万六〇〇〇人になると推定されている。〔二〇〇〇年には、すでに六〇万人を越えたと推定される〕。

人口は地図上に不規則に分布し、とくに農村の若い世代が激増している。コモロ人の八〇パーセント以上はまだ農業や漁業だけで暮らしている。最も人口の多いモロニとムツァムドゥの二つの町でも、おそらくその人口はそれぞれ三万五〇〇〇人と二万五〇〇〇人を越すことはない。一九六六年において、一〇〇〇人以上の村で暮らしている人口の割合はアンジュアン島では三二パーセントと高いが、他の三島では一五パーセントでしかなく、五〇パーセント以上が五〇〇人より少ない人口の村で暮らしている。

かつて大きな問題であった男性と女性の不均衡も、現在ではそれほど重大ではない。男性の一夫多妻の割合は、一九六六年において六十歳から六十九歳までの年齢で三六パーセントを越えておらず、主に経済的理由によって急速に減少している。

2 島の間での不均衡

保有する資源から見て、多すぎる人口を抱えた各島の状況はそれぞれ異なっている。とくに最も深刻なのがアンジュアン島であり、最も人口の少ないのはモエリ島である。明らかに大きな不均衡は、島の面積によってではなく、農地や牧草地に利用可能な土地面積によって人口密度を比較した場合にさらに重大なものになる。

有効な土地面積はこれまで過大に見積もられていたが、耕作可能と見なされた土地の一部はごくわずかな生産性しかもっていない。それらの土地の多くは急な斜面にあり、ひどい浸食を受けており、何度も植林する必要があるのだ。

表5　人口密度（一九八六年）

	グランドコモロ	モエリ	アンジュアン	マイヨット	合計
人口(1)	二五〇四〇〇	三〇六〇〇	一五〇〇〇〇	六五〇〇〇	四九六〇〇〇
表面積(2)（平方キロメートル）	一〇二五	二一一	四二四	三七四	二〇三四
人口密度（人／平方キロメートル）	二四五	一四五	三五四	一七四	二四四
有用地(3)（平方キロメートル）	四五〇	一五〇	二二〇	二一四	一〇三四
有用地の人口密度（人／平方キロメートル）	五五七	二〇四	六八二	三〇四	四八〇

（1）INSEE（一九七八年にマヨット島で実施）とFNUAP（一九八〇年に他の三島で実施）による国勢調査に基づく。
（2）IGNの五万分の一地図に基づく。
（3）アリ・ハリブによって一九八三年と一九八六年に実施されたコモロにおけるCEAの派遣調査に基づく農耕可能な土地面積の見積もり。

ニュマケレやジムリメなどの特定の地域では、実際に耕作可能な土地面積が減少しつつあるということも考慮しなければならない。つまり、人口増加は生産率の低下を引き起こすだけでなく、同様に生産高の減少ももたらすのである。

人口ピラミッド (1)

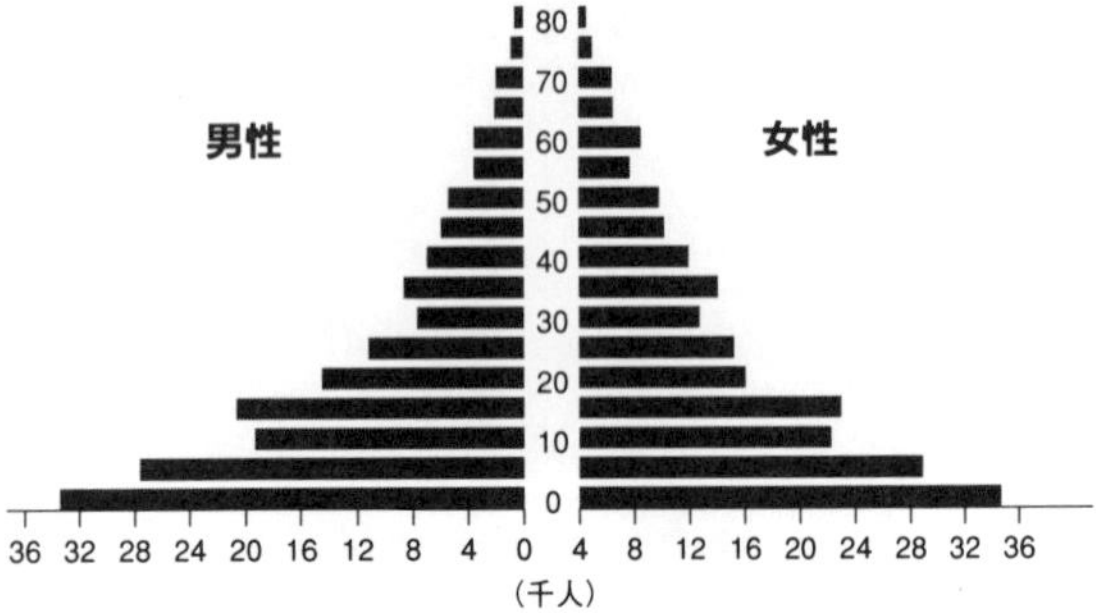

この人口密度の不均衡と、それがもたらす島間の移住は、マイヨット島の分離の原因の一部であり、また、モエリ島に対して強い脅威を与えている。一九六六年、モエリ島の住民の中で島で生まれた者は七一パーセントであったのに対し、アンジュアン島では九九パーセント、グランドコモロ島では九七パーセントであった。

3　人口爆発

寿命はほとんど五十六歳を越えることはない。出生率は非常に高く、一方で死亡率もまた、一六〜一七パーセント程度と高い。幼児死亡率は二五パーセントに達する。高い出生率とまだ高い死亡率の並存が、ほとんどの第三諸国と同様に、全人口における若者の割合を高くし、年齢ピラミッドがラッパ型をしていることの原因になっている。人口の約四四パーセントが十五歳以下であり、五〇パーセント以上が二十歳以下である。これは、就労人口[1]が人口の半分以上を養っているということである。

（1）つまり、たとえ仕事がなくても労働可能と見なされる年齢（十八から六十歳）の人口。

この就労人口のうち、おそらく八パーセント以下のほんの一部の人だけが賃金を受け取っている。人口の増加は過去十年間にたいへん高くなった。これは、一方では、伝統的な移住と関連した逆流の動きの結果である。マジュンガの虐殺事件より前、一九六四年のザンジバルでの事件〔タンザニア連合共和国を誕生させることになった、反アラブのアフロ・シラジ党による民主革命で、アラブ系住民やコモロ人の多くが追放された〕をきっかけに多くのコモロ人家族が帰還した。また、一九七〇年代初頭にはマダガスカルのディエゴスアレスの工場閉鎖によって同じことが起こった。しかし、増大の第一要因は、やはり約四・六パーセントのきわめて高い出生率である。増加率は一年に二・七パーセント近くになる。このような率では、二六年間で人口は二倍になる。現在の予測では、二〇〇〇年には人口は八〇万人に達すると推定されている。

国の資源に対する最適な人口数はすでに越えており、そのことについての自覚的判断がどうしても必要だと言える。[1] 現在の人口増加率がコモロの経済では支えきれない負担であることは疑う余地もない。毎年必要な投資は、病院、学校、運輸、エネルギー、雇用確保などの基本的な生活水準を維持するのに精一杯で、さらなる発展へと向けることができない。実際、規則正しく生産を増加させていくためには、必要な投資をより早いテンポで行ない、国の平均の資本係数を増すことが必要である。[2]

(1) 人口過疎の他のアフリカ諸国とコモロの場合とを混同してはいけない。一平方キロメートルあたりの人口密度はコモロが一六九人であるのに対し、ガボンで二人であり、マダガスカルでは一七人である。
(2) この資本係数、あるいは「資本出資割合」は、投資と生産の上昇との関係を示している。一般に開発途上国は四か五と評価される。P・バイローの『第三諸国の難局』によれば、「四・五の強い資本係数をとることで、二・七パーセントの人口の過剰増加でも生活水準を維持するためには、国民生産が一二パーセント程度の総資本形成が必要であると推論することができる(四・五×二・七＝一二・二)。一パーセント程度の住民によって、生活水準の非常に低い成長率を獲得するためには、理論的には、資本形成は国民生産の一七パーセント近くまで達する必要がある」。

人口増加率を減らすためには、女性が初子の無事な成長を確信できるようにし、出産の役割とは別な価値によって女性が尊重されるようにならなければならない。こうした問題には、総合的な政策によってしか抜け出せない悪循環が存在している。

これまで、いかなる出生コントロールの政策もコモロで実施されたことはなかった。自由に販売される避妊具や妊娠中絶の値段は高額であり、そのため、裕福な家族だけが、出産の間隔を開けることができる。イスラム教[1]が出産を抑制する政策に対立するということではなく、現在の生活状況では、それは住民の利益に反しているのだ。

(1) 同様な問題に直面したエジプトでは、ナセル大統領がイスラムの権威から避妊を認めるファトゥア(見解)を取得した。

広報活動や必要な手段の措置などによるこの問題領域に関する権力の介入がなければ、経済的、社会的な低開発状態の表われである人口増加の速度は、同時にその低開発状態の悪化の要因でもありつづける。ゆっくりとではあるが進行しつづける人口爆発は、諸島のあらゆる開発の上で問題となっている。確かに、まだ開発途上の潜在的資源が相当に残されているが、生態系はすでにはなはだしく障害を負っており、さらにますます悪化している。

若いコモロ人にとって、未来の展望はひどく暗澹たるものである。なおざりな環境問題によってさらに悪化している人口問題に対する無頓着さは、彼らに飢えや移民を余儀なくさせている。ところが、諸島内部での島間の移民は限界を超えており、社会的に重大な問題を引き起こしている。また、世界経済の情勢によって、コモロ人の海外への移民は次第に危険を伴うものになっている。

Ⅱ　経済の全面的弱さ

一九七六年、国連組織の援助を優先的に受ける前に、コモロは最も開発の遅れた国のリストに登録された。鉱物資源に乏しく、人口の過剰増加という重荷を背負っている諸島は、島国であることによっても大きなハンディキャップを負っている（費用が高いため、海外とだけでなく、島々の間での交通や通信も難しい状況にある）。一九八二年の年間の国内総生産（ＰＩＢ）は五二〇億コモロフランであり、一人当たりでは年間で約三四五ドルである。この国内総生産の三七パーセント近くは農業によるものであり、農産物の加工などを含む産業部門は四パーセントを越えない。大手から小売り業までを含んだ商業と運輸は二七パーセント、公的サービスは二〇パーセント以下である。海外援助、海外で働くコモロ人による送金や、逆に国から出ていく利益も考慮に入れたとしたら、国民総生産は明らかに少しだけ上回るだろう。たびたび伝統的儀式や投資につぎ込まれる地方に貯蓄された資本は、きわめて貧弱である。人口問題との関連から、習慣的に行なわれてきた最も精力的な企業家の海外移民は、国内における企業の創設をごくまれにし、低開発と不完全雇用の重大な要因になっている。一九七四年以降、賃金労働者の数は後退しており、一万五〇〇〇人を越えたことは一度もない。アリ・ソワリヒの時代には、一時、月額六〇〇〇コモロフラン（一二〇フランスフラン）に達した最低賃金は、もはや一家族さえ養えない金額になっている。一九七六年には、総賃金の半分以上は公共企業によるものであった。生活費は輸入商品、とくに米の値段の変化に大きく左右されやすい。

しかし、産業経済においては重要な意味をもつ経済学的統計も、予測が不確定なコモロのような国に対しては大きな意味をもっていない。大部分の経済活動はまだ交換経済ではなく自給自足的経済である。経済は一貫したシステムを成しているのではなく、むしろきわめて異なる二つの下位システムの並存の結果だと言える。

低開発に関する理論家は、しばしば伝統的部門と近代的部門とを区別する。この二つの経済間の裂け目はコモロではとくに明白だが、近代的部門もまた、とりわけ旧式なものとして特徴づけられる。

Ⅲ 産業の二分化

1 伝統的部門

この部門が、食料生産に携わる労働力人口の大部分を占めているが、すべての人口を養うには充分ではない。農業はきわめて原始的なままであり、農民はかがんだ姿勢で土地を掘り返すことしかできない先史時代の鍬（ンバヤ）をいまだに用いている。より便利な引き鍬や鋤のような道具は、ようやく数年前から普及しはじめた。とくに町の近郊における農業は、奴隷制から徐々に移行した分益小作制度によって発達を妨げられている。分益小作農は、つねに収穫の一定部分を受け取るのではなく、地主が生活に必要と判断する残り分しか渡されない。高地では、より多くの農民が自分の土地の所有者である。しかし、その土地は村から遠く離れてあちこちに点在していることが多く、その合計の面積はほとんど一ヘクタールを越えることはない。それら散在する土地には、うまく組み合わされたあらゆる種類の作物が植えられる。

表7　主な食料の生産高[1]（トン）

生産物	グランドコモロ	モエリ	アンジュアン	マイヨット	合計
バナナ	一八二二六	五八五〇	七八一六	六六四八	三八五四〇
マニオク	一四八二八	二六五	二〇四三	五八二八	二二九六一
サツマイモ	二七一〇	七三	三六〇	一八六	三三二〇
豆	一五〇五	七九	一〇九七	四〇三	三一四〇
精米	二二四	三九五	六七七	一八三九	三一三五
タロイモ	二三〇八	一六	一八六	三四七	二八五七
トウモロコシ	一五七八	七〇四	一〇〇	一〇八六	三四六八

(1)　コモロにおけるCEAの調査報告（一九八七年）による推定。

基本的に自家消費される食料の生産量を見積もることはとても難しい。

この狭い意味での農業に、さらに、より明確な数字ではないが、果実樹の生産高を加えるべきであろう。農業以上に果実の収穫は多いが、一般に、果樹に対して接ぎ木したり、切り整えたりといった世話をすることはない。

表8　果実の生産高（トン）

種類	グランドコモロ	モエリ	アンジュアン	マイヨット	合計
パンの実	一五〇七	三三	一二七〇	六六九	三四七九
マンゴー	五四三	四	三〇七	一四八	一〇〇二
ジャックフルーツ	二八八		六五	一八八	五四一
パパイヤ					二三九
柑橘類	三四	一九	一	一七	七二
パイナップル	二五		二三	二五	七三

表9　家畜の頭数

種類	グランドコモロ	モエリ	アンジュアン	マイヨット	合計
牛	二五〇〇〇	一八〇〇〇	一二〇〇〇	二〇〇〇	七五〇〇〇
山羊	一〇〇〇〇	二五〇〇	三〇〇〇	二四〇〇〇	三九五〇〇
羊	四〇〇	二〇〇〇	六〇〇	三〇〇〇	六〇〇〇

畜産業では基本的に、鶏、山羊、羊、ゼブ牛などが飼育されている。この生産高の合計は、五キログラムという一年間の一人当りの肉の消費量を満たしていない。タンパク質の欠乏はとりわけアンジュアン島の一部の地域で深刻である。

漁業は、一つか二つのアウトリガーが付いた二人乗りのカヌー（ガラワ）で行なわれる。釣り糸による漁や、およそ一〇年前から使われている圧縮式ランプ（ペトロマックス）の集魚灯を用いた夜の釣りなどが行なわれている。およそ一万八〇〇〇人が漁業を主な生業《なりわい》としており、一年に約四六〇〇トンの漁獲量がある。

伝統的な手工業は、木工細工や木工彫刻の工場以外では衰退し、女性が行なう一種の内職としてのみ存続している。

2　近代的部門

一九六〇年代初頭の、独立への進展がはじまった頃から、産業設備はほとんど近代化されていないといってよい。大部分のプランテーション農園は廃れ、ココヤシの木やイランイランの木は、生産性が減少する年齢に達しても、もはや植え替えられることはない。バンバオ会社をはじめとして、植民者たちは収益の減少を土地の売却によって埋め合わせ、それを新たな投資に回すことなく、諸島から利益を引き出しつづけようとした。累積された対処の遅れは、やがてくる未来において、輸出の大幅な減少や、農園を再生するための甚大な努力の必要として表われることになるであろう。

農業生産物の輸送のための設備も同様である。保存倉庫は老朽化しており、イランイランの花のエッセンスを蒸留する蒸留器は、ほとんど手入れされていない。さらに一九七四年の原油の高騰以来、石油燃料による蒸留をやめ、手工業的に薪で蒸留する方法に回帰する傾向が続いている。これは、すでに破滅的な状況にある山の斜面の伐採を進めることになり、また、蒸留されたエッセンスの質の低下を招くことにもなっている。

この沈滞に対する顕著な例外は、次の四つしかない。

① 一九七五年にアンジュアン島のパツィ峠に建てられた炭酸飲料の工場の開業。

② フィダリ兄弟によって、ココナッツ油を用いた石けんを作る半機械化された工場が設立され、年間六〇〇〇トンの石けんを製造している。

③ 一九七七年から一九七八年までSOCOMITAが一時的に活動し、バニラの栽培準備に必要な設備やイランイランの蒸留のための蒸留器を新しくした。

④ 一九八〇年代に増加した養鶏業。

伝統的部門と近代的部門という二つの領域の裂け目は、サービス分野にも伸びている。伝統的部門における（地主や雇われ番人によって）自家消費されない産物は、主要な町の小さな市場で売られる。女性は四〇キログラムにも達する荷物を頭の上に乗せて運んできて、品物を地面の上に並べて売る。対して、輸出できる産物は大きな会社によって直接収穫されたり、どんな小さな村にもある小売店が仲介する。この小売店はコンデンスミルクやイワシの缶詰、トマトの缶詰、ネスカフェ、米、砂糖、小麦粉、塩（輸入されている）、マッチ、ランプ用灯油、電池、布など、近代的な日用品をしばしば分割払いで小売りしている。

漁業の場合を除いて、図式的にいえば、伝統的部門は各島の中央山地の「山の手」に一致し、近代的部門は農地のある海岸部の「下の手」に一致する。山の手の経済は自家消費を基盤にしており、逆に、下の手は貨幣による売買、つまり、輸出可能な商品の生産と輸入された商品の購入に基づいている。伝統的経済は、時間や場所が特に決まっていない市場における[1]、需要側と供給側との個々の自由な交渉によって値段が成立するような交換を特徴としている。一方、輸出入の主要な産物の値段は、輸出入業者によって直接、あるいは国の機関を通じて固定され、管理されている。

（1）たとえば、需要が大きなモロニでは一キログラム当りの魚の値段が一〇〇〇コモロフランを越えることがしばしばであるが、需要が小さく、魚が豊富にあるニュマシュワ村では五〇〇コモロフランで維持されている。

その末端において、この「伝統／近代」の裂け目は家庭内にも見出すことができる。食料となる作物

表10：夫婦の分業（1）

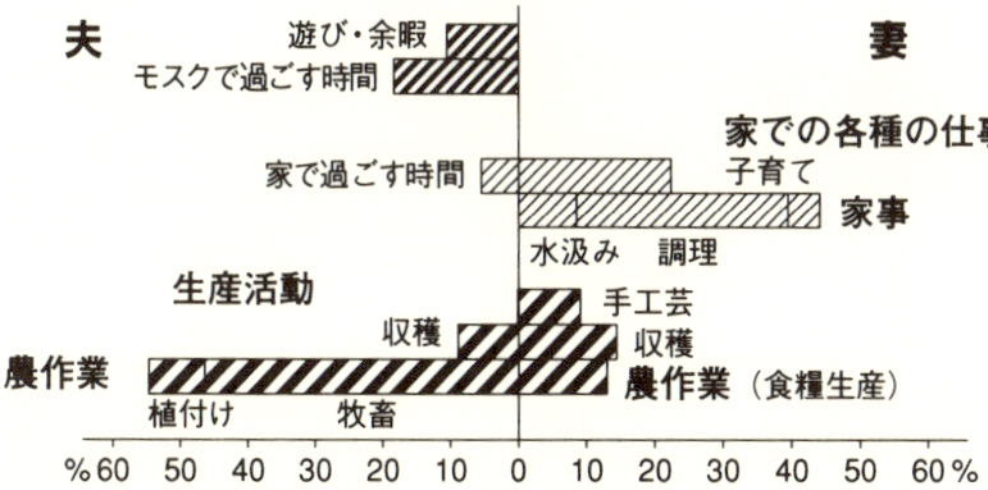

（1）C・ロビノーが一九八一年にアンジュアン島で行なった調査に基づく（『アンジュアン島の社会と経済』p137）。アンジュアン島の住民は諸島のなかでも最も働き者として知られている。調査は夜明け（六時）から日没（十八時）まで七日間の統計である。しかし、夜の食事はしばしば日没後に行なわれる。（出典:ORSTOM）

とバニラを同時に栽培している場合、家族を養うための農業は女性が行ない、男性はバニラを売りにいく。前頁の表は農民の夫婦の時間の使い方であり、女性が食料生産において中心的役割を果たす男女の分業のあり方をよく示している。

Ⅳ　経済的依存

貿易収支は慢性的に赤字である。食料品は一九八六年の輸入のゆうに三五パーセントに相当している。

表11　海外貿易の概要（一〇〇万コモロフラン）

	グランドコモロ	モエリ	アンジュアン	マイヨット
輸出 f.o.b.	七四一九	三〇七九	七〇四八	六九一一
輸入 c.i.f.	一九一七五	二二九三四	二〇八六五	一七六〇六
赤字（マイナス）	一一七五六	一八八五五	一三八一七	一〇六九五
補填（%）	三八	一四	三三	三九

（資料：モロニ税関）

輸出は主として四つの生産品について行なわれている。砂糖黍とサイザル麻はもはや輸出品ではない。クローブは一九八三年から一九八五年にかけて大きな進展を見せた（表12参照）。

表12　輸出（トン、一〇〇万コモロフラン）

商品	一九八三	一九八四	一九八五	一九八六
コプラ	一二〇〇	一二八〇	一三五〇	一四一〇
	六四・〇	三二・一	六五・四	三・〇
バニラ	一八四	一九八	二〇四	一九〇
	二六一八・一	五八七・八	四六八九・七	五三一六
イランイラン	四九・三	五〇・六	六〇・五	五四・二
	五五〇・二	四二四・五	六五七・四	五八一
クローブ	一一一六	一〇四五	一一六三	一二八七
	三一八一・三	一七二四・五	一三七六・九	六五八
その他	一八七	一九三	二一九	二三一
	九四三・九	一八・七	二九・九	五二

（資料：モロニ税関）

その他の品目はイランイラン、ジャスミン、バジル、パルマローザなどの香料のエッセンスや、コーヒー、カカオ、桂皮、家具（調度品）などである。

貿易振興プロジェクトにおける主要な四つの産品の将来的展望はよくない。バニラとココヤシ油については申し分ないが、限定的な市場で取り引きされているイランイランやクローブについては不安定である。クローブの販売はザンジバルとの生産競争や世界第一の輸入国であるインドネシアの需要などに左右される。しかし、少なくとも、この四つの主要産物の輸出の総額は、ロメ条約によるスタベックス・システム〔ロメ協定の結果一九七五年に導入されたアフリカ・カリブ海および太平洋諸国の輸出収入安定化計画〕を適用したヨーロッパ経済共同体によって保証されている。

表13　主な輸出（一〇〇万コモロフラン）

商品	一九八五	一九八六
食料品	四五二四	四〇八三
……米	一一八八	一八二二
……肉	五六	四一
石油製品	二三八九	一一七八
セメント	一一六四	八六六
機械類	三三二七	二七〇八
その他を含む合計	一六四八二	一三二一〇

（典拠：ハリブ&ラコトベ 1987）

主要な輸入は食料品、消耗品、中間産品、それに安価な設備器材などである。平均して米は輸入総額の一四パーセントを占めている。コモロで購入される米は一年に二万トンになる。近年、小麦粉の輸入が大幅に増加していることも記しておく必要がある。パンの消費が徐々に米にとって代わりつつあるのだ。

過去十年間における、「貿易条件」(1)の悪化は明らかだ。対外貿易の不均衡は、はなはだ憂慮すべき状況にあり、近い将来、米の世界的流通が増大するといったことが起こりうるであろうか？　また、イランイランのエッセンスにかわる化学製品や自然産品の市場が発展するだろうか？　といったことを十分に検討してみる必要がある。

(1)「貿易条件」(termes de l'échange) は、輸入量と輸出量の平均数値の関係を指している。

支払いのバランスはひどく悪化しており、危惧の念を抱かずにはいられない。海外からの援助はほぼ計算可能だが、残念ながら、コモロ人移民による不透明な収支は正確に記録することができない。

一九七七年にフラン圏への残留を選択したコモロ国家とフランスとの非公式な合意は、一九七八年十二月に、より古いの協力合意によって置き代えられた。それによって、通貨は〇・〇二フランスフランと等価なコモロCFAフランとなった。

V　インフラストラクチャーの不整備

産業基盤に関わる重要な投資は、すべてフランスを第一とする海外からの融資によって実現した。まずFIDES(1)や経済協力中央基金が、そして次第に多様化し、ヨーロッパ開発資本、クウェート資本、PNUD(2)、世界銀行、国連機関、アフリカ開発銀行、中国やサウジアラビアとの協力援助関係による融資などが投入されるようになった。独立は確かに可能性を広げるが、それを活かすのは難しい。実際、各融資において、コモロ政府では不十分にしか資金運用ができないという経済的、技術的評価がなされている。植民地時代、とくにマダガスカルに併合された期間に累積した開発の遅滞は以前として大きい。

(1) FIDESとは、社会、経済開発・投資資本。
(2) PNUDとは、国連開発計画。

1　道路網

一九七八年における舗装道路の状況は次のとおりである（表14参照)。

一般的に道路網は、輸出品を生産している起伏の少ない沿岸地帯を主に通っている。山地ではあるが、食料品の生産により適した中央地帯の多くは取り残されている。雨季になると未舗装道路はどんな交通手段でも通行不能になるモエリ島、アンジュアン島、マイヨット島では、この開発の遅れは深刻である。舗装道路網の保守の問題も残されている。道路網の建設と保守に当てる長期的融資を保証する制度的機構を整備することは緊急を要する。石油税や通行税の分配を道路や、そうした機構の整備に割り当てることができるだろう。

表14　舗装道路（キロメートル）

	グランドコモロ	モエリ	アンジュアン	マイヨット	合計
一九七七年	二一〇	三〇	一〇〇	六二	四〇二
一九八九年	二四八	六〇	一五八	一四八	六一四

2　海洋運輸

現在、喫水が四メートル以上の船は、はしけ輸送によってしかモロニに荷を降ろすことができない。このことが諸島を世界から孤立させており、とくにモンスーンの期間には、マイヨット島の自然の環礁しか船の避難所がない。ムツァムドゥには水深の深い港の建設が実現した。いまでも、島間の輸送や荷降ろしは、モーターを積んだ伝統的な船や小さな平積船によって行なわれている。ケニアのモンバサやマダガスカルのマジュンガなど、隣接する大きな港との連絡は、コモロの旗を掲げた四〇〇トンほどの沿岸航海船によって行なわれている。

3　空輸

海上運輸の弱さを補うために、空輸は、比較的発達している。各島には滑走路が設備されているが、ボーイング727が着陸可能なのはイコニの滑走路のみであった〔現在は廃止され、ハハヤ空港が使用されている〕。一九七五年に国際空港がグランドコモロ島のハハヤに開設された。エア・コモロ会社の老朽化したフォッカー機は、ほぼ定期的に島間の輸送を行なっており、通常はマダガスカルやタンザニア、ケニアとの連絡も行なっている。SNTAのエール・カオ社は、モロニからの緊急の輸送や島間の観光のために、個人のチャーター便を運行している。

コモロには、週に二度、エール・フランスの便が発着する。レユニオン・エア・サービスは、週に三便、レユニオン島とマイヨット島間を、エア・マダガスカルは、週に一便、ケニア＝コモロ＝マダガスカル＝モーリシャス間を、エア・タンザニアは、週に一便、タンザニア＝コモロ間を、そして、南アフリカ・エアウェイは、週に一便、南アフリカ＝マラウィ＝コモロ間をそれぞれ飛んでいる。

4　通信

フランスや海外との電話の接続状態はあまりよくない。島間の通信網は、ほとんど機能していない。首都と主要な町との通信はなんとか結ばれている。近々、日本によって衛星通信の地上ステーションが設置されるかもしれない。

5　電気

現在、年間に使用できる電気は約五五〇〇キロワットである。グランドコモロ島だけが充分な容量を確保している。ごく限られた電気網は、モロニ、ドモニ、ムツァムドゥ、ザウジ、マムツゥなどの主要な町にしか通じていない。

6　水道

コモロの降水量は充分すぎるくらいだが、水の調達はあちこちで問題になっており、しばしば、女性にとって多くの時間を費やす仕事である。グランドコモロ島は多孔性の土壌であり、川がないため、人びとは共同の貯水槽や、あるいは波形トタン屋根の堅材による家と一緒に作られることが多くなってきた、各家庭の貯水槽に、雨水を集めなければならない。しかし、乾季が少しばかり長いときには水不足が深刻になり、人びとは塩辛い水さえも利用している。一九七六年以来、ヴヴニのポンプ設備による水道網によって、首都とその周辺だけが恒常的に水を供給されている。

他の三つの島では、川から引いた水が主要な町に供給されている。しかし、いまでは、土地の浸食によって、雨季には川が大量の泥を押し流して水道管を詰まらせてしまうため、水道の保全は、次第に厄介になってきている。衛生の管理がなされていないので、その水がしばしば病気を媒介することもある。

VI 諸機構の欠如

1 保健

厳密にいえば飢えは存在しないが、人びとの多くがタンパク質不足であり、そのため、病気に対する抵抗力が弱く、年少の子供たちが第一に犠牲になっている。マラリア、フィラリア、寄生虫症、さまざまな性病などの主要な伝染病はひどい状態である。

一九七五年初頭には、おそらくメッカ巡礼からの帰還者によって持ち込まれたのだが、特定がひどく遅れたコレラが流行し、グランドコモロ島で約八七〇名の犠牲者を出した。

主要な病院である、モロニのエル・マールフ病院とアンジュアン島のホンボ病院は、あわせて四〇〇の病床数を備えているが、ほとんどの設備は老朽化しており、機材は不充分である。ミツァミウリ、ンベニ、フンブニ、ドモニ、フンボニ、マムツゥなど、中規模の村の病院は、人材の能力と使用可能な薬剤に応じた二次的役割しか果たしていない。

この分野における必要性の大きさが選択をとくに難しくしているが、この二十年間は、衛生や予防よりも、治療医療に努力が注がれてきた。多種の風土病に対する公的な試みや、アリ・ソワリヒの政府による「基本的健康」への優先的取り組みにもかかわらず、現在のところ、海外の病院への移送にかかる出費は、予防のための出費よりも高くついている。ひどく手間取ることの多い移送は、ごく限られた少数の者しか利用できない。

2　教育

独立当時には、四島における教育状況は同じ程度であった。伝統的なコーラン学校は、すべての子供を四、五歳から教育している。他方、フランス語の教育はフランス本国のモデルに完全に従っており、教育を受けられる者は制限されている。[1] 当時は、二つの例外を除いて、いかなる専門教育もなかった。一つは経営者養成センターであり、もう一つは技術者養成センターである。これらは国際労働事務局[2]によって運営されており、さまざまな問題を抱えていた。

(1) 就学率は初等学級では三三パーセント、中等学級では八パーセントを越えていない (J・シャルパンティエ大学副区長の事務局長『ル・コティディアン・ドゥ・パリ』、一九七五年七月八日による)。しかしながら、植民地期間の末期には非常に大きな増加が見られた。

(2) PNUDの融資を受けている国際労働事務局。

こんにち、フランス語の教育が強化されてはいるものの、それがコモロの文化に取って代わることはなく、この二重の教育システムは、いまだにマイヨット島でも残っている。他の三つの島では、一九七八年一月の休み明けから教育改革が施行された。それ以降、初等教育はコーラン教育とコモロ語による知的覚醒とを、ともに含まなければならなくなった。中等教育はフランス語によって進められ、一般教育と生徒の選択による専門教育とが組み込まれた。この遅れた、緩慢な対応が、あらゆる専門分野における水準の低さと、有資格な人材不足という現在の状況の原因である。

簡素ではあるが、教室の数は一九七五年に三六六であったのが、アリ・ソワリヒの改革により一九七八年にはほぼ一三〇〇にまで増えた。しかし、資格をもつ教師の数はたいへん不足している。[1] 約一〇〇ある教師の職は、バカロレアを持ち、やる気のある若者に託されている。

(1) そのうえ、確かな教員養成の研修を受けた教師は、安い賃金で評判の悪い教師の職業を避け、官僚になろうとするか、政治家として身を立てようとする者が多い。

国内に高等教育の場がなく、近隣諸国との協定もなされていないので、学生のほんの一部が、フランスで高等教育を続ける。しかし、卒業証書を得た者のなかで、国に戻って働く者は十分の一以下である。この頭脳流出(より正確にいえば非帰国者)は、もちろん報酬の違いが要因であるが、帰国者を待ちかまえている大きな社会的、心理的困難も決して小さな要因ではない。コモロの実情では、すべての給与所得者は、忠誠を尽くさなければならない政治家によって支配されている。活動や物資や融資に関する手段はひどく限定されており、彼らの手の届かないところにある。

上流階級の家族は、ますます、中等教育においてさえ、子供たちをフランスに留学させたがるようになってきている。

3 行政

一九七八年十月一日の憲法に基づく政治制度は連邦制である。各島は自治権をもち、大統領によって指名される五年任期の知事によって統治され、知事は、島の議会の責任者を務める四人の委員によって補佐されている。島の議会の成員は単記投票で選出され、任期は四年である。しかし、連邦国家が大きな権限を握っている。任期五年で議員が選出される連邦議会の立法権が、ほとんどの重要な問題に及んでいる。現在、この制度は北部の三つの島においてしか施行されておらず、「マイヨット島の統治がコモロ共同体に戻ってくる」日が待ち望まれている。

専門的能力も信念もないために、各島の要求は些細な問題だけに限られており、コモロにおける政治は、国家にすべての機能が集中している。アリ・ソワリヒによって行なわれた過激な政治改革は、つかの間のことであり、つづく新たな時代には、昔はそれほど重大な支障とはならなかった伝統的政治が急速に復活した。①重役と下っ端は多すぎるが、実行力をもつ中間職が欠けている。②行政機構が政治化し、雇用や地位はその人物の実際の能力よりも政治的影響力によって決められる。③国家に優先的な必要性によってではなく、西欧諸国（もちろんフランス）との関連で行政の仕事が決められている。ゆえに、純粋に行政的で形式的な公職の配置に重要性が置かれ、実践的な、あるいは立案を行なう職務は未発達なままである。④公的機関は、フランス語か、原則的にはアラブ語の二つの公用語のどちらかを用いている。しかし、結果として、それは多くの国民が政治を理解できない状況を作り出している。これらの難点が、汚職の広がりをもたらしているように思われる。

4 財政

植民地時代の最後の年である一九七五年に、フランスは公費（FIDESやEDFの出資による予算外の投資も含めて）の総額の四分の三、平均して六〇億コモロフランをコモロに出資している。

Ⓐ コモロ自体の収入は、年間約八〇億コモロフランでしかない（一九八八年から一九八九年の期間）。その半分以上は関税によるものである（全体として、輸出額の約一二パーセント、輸入額の約一八パーセントに相当する）。この収入を大幅に増やすことは困難である。値段に影響を与える輸出税の引き上げは、生産の競争力を低下させることになる。奢侈品の輸入に重い税金を課すことは魅力的に見えるが、成果は限られている。米や小麦粉、砂糖、肉などの食料品に対する税の引き上げはより効果的であろう。しかし、それは地域社会における代用品の生産の発展を補償する限りにおいてのみ、道徳的、社会的に承認されうる。

一年に一〇万コモロフラン以上稼ぐ個人から徴収される（きわめて弱い比例課税による）所得税は、約八億コモロフランの収入をもたらす。同様に、会社の利益に対する税は、投資を促すために企業に与えられる充分な優遇から考えると、残念ながらわずかな生産性しかない。

他の通常の収入は、郵便・電話局や公共施設の利益、それに国有地の収益から得られている。

Ⓑ　一九八八年から一九八九年にかけての公費の支出は、九〇億七〇〇〇万コモロフランである。この金額は原則として次のようなやり方で割り振られる。借金や他の国際的な支払いが五億五〇〇〇万、給料や諸手当て名目の出費は現在の支出の半分以上、つまり五七億を占めている。残りの三十五億は教育関係である。アリ・ソワリヒの時代、一九七六年から一九七八年にかけて続けられた支出における投資部分（四〇パーセント）は現在では急速に減り、もはや予算外の援助や海外からの借金によってしか出資されることはない。

支払われた海外借款の総額は、一九八一年にはDTS、つまり特別引き出し権（国内総生産の四四パーセント）の約四一〇〇万にも上り、急速に増加しており、DTS一億一八〇〇万以上に達しようとしている。

多くの第三諸国と同様に、しかしとくに際立った特徴として、コモロでは行政の質的発達の遅れが経済的発展の遅れの表れであり、同時に原因でもある。国家の産業化における遅れだけが問題ではない。問題の大部分は、フランスによる人材の不適切な養成や、緊急性にも時代の可能性にも対応していない西欧のモデルをコピーしようとする、不適切な努力に本来由来しているのだ。

この状況が、独立に伴うチャンスを活用することを妨げている。十分に吟味された堅実な計画が彼らにゆだねられるという条件においてではあるが、国際的出資者は、コモロと同じような小さな国家に対し、総合的な開発活動に必要な貸し付けを行ないうる。しかし、明確な経済的目標がないために、コモロの開発は行きづまり、どうにかこうにか外部から企画されるという危険を冒している。このままでは、経済の統一化を促進することも、潜在能力に満ちてはいるがひどく脆い自然環境の可能性を守ることも当然できない。

第七章　可能性と制限

鉱物資源に乏しく、産業技術が欠如していることは確かだが、コモロは、言われているほどに貧しくはない。この国は、まだほとんど活用されていない大きな可能性をもっているのだ。たとえばコモロでは、輸出作物のために割り当てられている農地を縮小することなく、自前の農業生産によってすべての国民を養うことができるであろう。ただしそのためには、根強い誤った予断を捨て、危険な農業のやり方を避けて進む必要がある。(1)

(1)　たとえば、ティエリィ・フロベールの書いたコモロに関する権威的な学術編纂書には、次のように書かれている。『ところで、たとえすべての作物が食糧生産に向けられたとしても、コモロ諸島はその子供たちをすべて養うことはできない。PASOCOを指導する外国人嫌いの民族主義者にとっては認めがたいが、このことは明白な事実である』。『エヴォルシオン』二六一頁。

I 農業の可能性

コモロの土壌はとても肥沃であり、雨によって充分に潤っている。またコモロ人は、この気候ではまれなほど、農業に関する知識の蓄積を持っている。

きわめて豊かな火山性の土壌のなかで、暗土は特殊な性質をもっている。粘土はふつうマイナスの電荷を帯びているが、この土壌はプラスの電荷を帯びたきわめてまれなタイプの粘土を含んでいる。このアロフェンという粘土は、特殊な性質を土壌にもたらす。(1)

(1) ハリブやIRAT参照。

①その成分は、すぐれた構造的安定性をもちながら、きわめて大きな帯水能力(一〇五度で乾燥した重量の三〇〇パーセントまで)を持っている。

②きわめて豊富な有機物(四〇パーセント以上にもなりうる)や、あらゆる基礎的成分(カルシウム、マグネシウム、鉄、アルミニウムなど)を含有している。

③きわめて豊富だがアロフェンによって大幅にその吸収が抑制されるリンを除いて、これらの基礎的成分が作物の根から吸収される率が優れている。

しかしながら、土壌の誤った利用が、その特質の喪失をもたらしていることがたいへん多い。変性した土壌は復元することができない。コモロの農業は適切に行なわれたならば、肥料を与える必要もなく高い生産性をもちうる。場合によっては、肥料は有害でさえある。

雨量や地形、土壌の性質などを考慮した「土壌の適性」を示す地図は、IRATによって、きわめて精密に作成された。厳密すぎてかえって不安の種をまくこともあるかもしれないが、それによって、各地域における土壌に最適な作物の配置を知ることができる。たとえば、ある平地では換金作物を栽培しているが、そこはむしろ食糧作物に適している。逆に、あるきつい傾斜地（三〇パーセント以上）では安定しない食糧作物の栽培を行っている。このような場合、経済的、生態的理由から、配置転換をすることが必要である。

もし本来食糧生産に適した土地を十分に活用することで、その面積を削減できれば（島の全面積の約一〇パーセントに）、段々畑による農業と、浸食を防ぐ技術の利用によって、生産性を飛躍的に向上させることが可能になるだろう。いずれにせよ、環境を保全するには、諸島の全面積の半分近くが森林に覆われているようにしなければならない。

表１５　土地の使用

		1 食糧生産農業(1)	2 小灌木農業(2)	3 牧草地	4 森林適合面積	5 現在の森林	6 植林面積	7 その他(3)	総面積(4)
グランドコモロ	ヘクタール	10715	457	895	26600	19850	6750	18500	102500
	%	10	45	1	26	19	7	18	100
モエリ	ヘクタール	3000	7210	0	10365	3325	7040	525	21200
	%	14	34	0	49	16	33	2	100
アンジュアン	ヘクタール	3370	4290	2290	29505	8260	21245	2945	42400
	%	8	10	3	70	19	50	7	100
マイヨット	ヘクタール	3000	10000	2000	20400	15000	5400	2000	37400
	%	8	27	5	55	40	14	5	100
合計	ヘクタール	20085	67290	5185	86870	46435	40435	23970	203400
	%	10	33	2.5	43	23	20	12	100

（典拠：IRAT総合報告書『農地の開発』1977　IRAT報告書・コモロ1973,1974,1975）

（1）場合によっては,浸食を食い止める整備のあとに使用可能である.
（2）すなわち,イランイランやクローブなどの輸出用の農産物の生産.
（3）溶岩流跡,マングローブ湿地,急斜面,道路など.その一部は再植林可能である.サンドラゴンは溶岩流跡にも芽を出す.マングローブの活用は改良できる.
（4）1,2,3,4,7の合計

1　食糧生産

過去三十年間における農村開発の経験から、農業技術の改善によって期待しうる生産性の向上については正確に知ることができる。これまでの経験から、一般に男性よりも女性が開発を受け容れやすいということが分かった（一九六〇年代にアンジュアン島で行なわれたBDPAの活動）。男性はしばしば農具不足や、背景にある伝統的な政治問題でつまづいてしまう。農業の専門家は、選挙運動員の利益となる物質的、財政的取り引きまで制御しきれない。

表16　主要な食料生産の収穫高比較（一〇〇キログラム／ヘクタール）（1）

種類	伝統的農業	IRATによる改良農業、改良品種
トウモロコシ	五～一三	八〇～一〇〇
水稲（雨林地帯）	二～六	二〇～二五
マニオク（高度四〇〇メートル）	一三〇	二〇〇～二五〇
野菜	二～五	一二～一七
サツマイモ	一五～三〇	一五〇～二〇〇

（1）D・プーツェによるIRAT報告書・コモロ（一九七八、六）に基づく。改良農業とは、伝統的品種よりも適応性の高い改良品種や、道具や日取りの改善による効果的な農業技術などのことであり、肥料の使用によるものではない。

一九七六年から一九七七年にかけて立案されたトウモロコシ栽培の開発プロジェクトは、キマメと組み合わせることによって、地元で生産されたトウモロコシが輸入米に取ってかわることを可能にした。実際、大きなかけらの形で粉にされたトウモロコシは、米によく似ており、同じような料理法で調理され、より多くのタンパク質を摂取できる（八〜一〇パーセントのリジンを含有する）。

2 輸出品の生産

約三〇〇万本あるココヤシは、毎年、ネズミによって実の三分の一が損害を受けていると考えられる。そこで、ネズミ駆除運動が上手く運べば収穫が増えると考えられた。一九七三年にモエリ島でこの運動が進められたが、行政的、財政的な理由で中断してしまい、効果は見られなかった。そのうえ、コモロのココヤシはかなり古いものが多く、本来は年間一〇〇個は可能なところを、もはや平均して年間に三〇個の実しかつけなくなっている。コモロではまだ、ヤシの実をコプラに加工して輸出を行なっている。一トンのコプラを得るには四〇〇〇〜五〇〇〇個のヤシの実が必要である。それでも、世界市場の展望として、ココヤシ油の製造と輸出に乗り出すことは。確実に有望だと言える。

コモロは、マダガスカルに次いで、世界で第二位のバニラの輸出国である。しかし、コモロの農民は、バニラの一本のつるから年間三〇〜一〇〇個のさやしか収穫していない。より良い方法を用いれば、一五〇〜三〇〇個のさやを収穫できるはずだ。コモロのバニラは、盗まれることを恐れてしばしば若いうちに収穫されるため、世界市場では一〇パーセントも値を下げられていた。収穫のスケジュールを厳密に管理し、窃盗を抑圧したことで、一九七七年には状況が改善し、とくにグランドコモロ島ではバニラを国際的な品質の水準にまで回復することができた。しかし、不幸にも、化学合成による代替品の存在により、世界におけるバニラの流通はたいへん低迷した状態が続いている。

バニラの世話は、品質を条件づける細心な注意のいる作業である。①枯れ死や奇形化。②二十四時間の熱殺菌と一〇日間に四度の日干し。③二、三か月かけて陰干ししてから倉庫に保管。④五つの品種に選別し梱包する。四パーセントから八パーセントの差が出るバニラの価格は、この管理の如何による。商品となる一キログラムのバニラを得るためには、三〜四キログラムの熟していないバニラが必要である。日陰で生えるので、バニラは他の作物とも組み合わせることができる。同様に、マダガスカルとの緊密な協力によって、商業化の段階で大きな進展を期待することもできるだろう。

一九七五年以来、クローブの木は諸島の輸出の第一位を占めてきた。クローブ栽培は長期の投資の結果である。というのは、この木は二五年立たないと完全な生産力に達することがなく、四年ごとに生産力が低下する。最近の農園の状況を見ると、コモロの生産は一九八〇年に一〇〇〇トンを越え、さらに成長しつづけている。木の病気が原因でザンジバルのクローブに危機的時期があったことが有利に働いているが、主要なインドネシアへの輸出は、値段の動きの急変によっていつ低迷するかわからない。

きわめて高い土地に植えたのではなく、枝を傷つけることなく収穫が行なわれたとしたならば、クローブの木は約五〇〇〜一五〇〇キログラムの新しい花をつけることができる。その一〇〇〇キログラムから、二三〇〜二四〇キログラムのクローブと二〇〇〜二二〇キログラムの乾燥した貯蔵根が収穫できる。クローブのエッセンスの蒸留はその場で行なうことが可能だ。コモロのクローブは、たいへん豊富にオイゲノールを含有している。オイゲノールは、薬局や歯科医療に用いられる物質で、エナメルの工場や、バニリン（バニラ豆などに含まれる芳香無色の化学物質で香料に使われる）の製造に用いられる。

イランイランは、土地の肥沃さや農地の草取りなどにもよるが、五〜二〇年で生産を上げるようになる。この小低木は、石だらけの斜面でもよく生えるという利点をもっている。一本の木から五キログラムの花を収穫できる場合もあるが、平均すると二キログラムの花が収穫される。アンジュアン島やマイヨット島における農場の生産高は、グランドコモロ島よりも格段に優れている。多くの木は四十歳以上であり、すでに始まっている生産性の下降を食い止めるためには植え替える必要がある。しかしながら、世界市場の現状では、輸出を大幅に増やすことはできない。実際、輸出はほぼ飽和状態であり、主な輸出先である、贅沢な香水の製造を行なう先進国における不確実な経済情勢にとても敏感に影響される。蒸留設備のほとんどが老朽化しており、平均で花の重量の二・二五パーセントしかエッセンスを抽出することができない。

イランイランのエッセンスは、その濃度、エステルの率、アルコールの有無などによって、四つのクラスに分別される。「特級」は蒸留したもののうち一四~四五パーセントであり、第一、第二、第三の等級よりも断然高く売られる。

食糧生産を増大する可能性は大きいが、主要な四つの商品作物の栽培に関してはより複雑である。後者の場合、生産高を増やすことではなく、むしろ、原材料の生産やその加工における収益効率の改善が問題なのである。この収益効率は、現在の停止した段階を乗り越えて、すぐに向上させることができるだろう(ココナッ油の製造、香水の原料、クローブの蒸留など)。

他の生産については、輸入の縮小や、輸出の増加と多様化(これは経済の安全保障となるだろう)によって貿易収支を改善することで発展するだろう。

砂糖を輸出していたコモロ(一八八〇年には四〇〇〇トンに達した)は、現在では年間約三〇〇〇トンを輸入している。一九七四年には、可能性の高いマイヨット島で砂糖生産計画が実施された。本来なら、諸島は自分たちで消費する分の砂糖を中古設備を用いた通常の生産、あるいはインドの技術に倣った精製しない砂糖の半工業的生産により、安い投資で難なく生産することができるはずである。

カカオ生産の発展の見込みは、技術的にも、経済的にも確かなものではない。しかし、ロブスタ種のコーヒー豆の生産はとても有利である。コーヒーは、野生の状態のほとんどどこであろうと、成長する。マイヨット島の桂皮と同様に、問題は生産よりも販路や収穫にある。レモングラス、ベチベル、生姜、胡椒などの栽培も、農民が小銭を稼ぐために広く行なわれている。手間のかかるクワの栽培は、アンジュアン島の人口過剰な高地の救済策となりうるだろう。しかし、これらの生産は技術的問題に加えて、市場への運送という厄介な問題がある。果実の生産は容易に改善しうるし、果実から缶詰やフルーツジュースを製造して、巨大な消費国であるアラブ諸国に輸出できるであろう。

II　畜産業の可能性

現在、一人の人間が年間に消費する肉の量はおそらく五キログラムを超えていないだろう。そのため、多くの人びとがタンパク質不足に陥っている。肉の輸入も、漁業も、この欠乏を満たすことはできていない。

土地は優先的に農業に当てられ、大規模な畜産の可能性は二次的なものにされている。しかし、鶏やウサギなどの小規模な飼育には将来性がある。コモロの企業家のなかには鶏の養殖事業を興し、繁栄している者もいる（サイディ・ムゼの鶏舎ファトゥマ）。一九七六年にはユニセフの協力で、農民に小規模な養殖を普及させるプロジェクトが実施された。このプロジェクトは五年後に年間三〇〇トンの肉と一〇〇万個の卵の生産を確保することを目的としていた。二次的ではあっても、たとえばココヤシ畑を牧場とすることによる、牛の牧畜の可能性は無視できないものである

沿岸の海洋生物の種類はすばらしく多様だが、漁獲量はごく少ない。グランドコモロ島の西にあるヴェルーの珊瑚礁、モエリ島の南の小島群の一帯とマイヨット島の環礁などを除いて、棚地はごく限られている。珊瑚の存在は網による漁を難しくしている。沿海での漁は、現在はおそらく年間三五〇〇トンを超えていないが、その可能性は年間六五〇〇トンはあるだろう（マイヨット島の環礁だけで三五〇〇トン）。しかし、適切な保存の手段がないままであり、一九七六年と一九七七年に設置された冷凍施設はいつまでたっても操業されていない。

逆に、遠洋漁業は大きな可能性をもつ。一九七六年の条例によって、地域のほとんどの国に並んで、コモロは二〇〇マイルの経済独占権を持っている。栄養化する流れと回帰する流れという二つの海流の存在と、アップウェリング現象（より冷たく、栄養要素を含んだ深海の海水が上昇する）によって、この海域にはマグロが豊富である。諸島の周囲五〇キロメートルの範囲だけで、年間二〇〇〇トンを収獲する可能性がある。

動物性タンパク質に関していえば、諸島はその消費分を自給できるし、おそらく輸出することもできる。しかしながら、もし生餌《いきえ》を用いた漁業（マグロを釣る通常のやり方）を行なうとしたならば、乱獲を抑えるために、マイヨット島とモエリ島における餌《えさ》となる魚の量を注意深く調査し、監視しなければならないだろう。

Ⅲ　工業の可能性

農産物の加工産業の他に、海水による塩の製造は雇用を生み出し、輸入の一部を解消することができるだろう。マイヨット島のパマンズィやグランドコモロ島のバングェクニに構想された計画が実現すれば、一〇～一五ヘクタールの塩田によって、諸島で年間に消費される一五〇〇トンの塩を生産することができ、さらに輸出も可能となるはずだ。

同様に、安いコストの豊富な労働力を利用して織物工場（綿織物と既成服製造のプリント）を設立しようと目論む外国の企業家から、コモロは何度も打診を受けている。

現存する産業（製材業、蒸留業など）の刷新と、新たな産業の創設において関心がもたれるのは、輸入燃料ではなく、むしろ「新しい」エネルギーを利用することである（この代替エネルギーは小規模な単位の生産に適しており、とくに他のエネルギー源がないコモロ諸島ではそうせざるをえない）。四つの島には太陽エネルギーや風力エネルギーの設備がある。同様に、四島における「有機ガス」（排泄物の発酵によって得られるメタンガス）の利用や、グランドコモロ島における地熱エネルギーの利用も可能性に開かれている。

Ⅳ　サービス産業の可能性

自由港の建設は、古来からコモロ人が携わってきた商業の伝統を復興させるだろう。しかし、この計画は話だけであり、すでに一八七〇年にゲヴレイがそれについて述べている[1]にもかかわらず、近々実現する可能性はほとんどない。

(3) ゲヴレイ、(一八七〇年、二三〇と二七五頁)。

砂浜は少ないが、諸島は、観光の可能性を持っている。変化に富んだ風景と雄大な景色は、どんなに無感動な人をも魅了せずにはいられない。しかし、観光開発も、手が出ないほど高い航空チケットによってつまずいている。現在のホテル業の能力は、ほとんど活用されていない。（年間に最大でたった一二〇〇人の旅行者しか宿泊しない)。グランドコモロ島のシーラカンスホテルや、イツァンドラホテルとマルジャホテル、アンジュアン島のアマルホテルなど、諸島は手頃で快適な約二〇〇のベッドを用意している。一九七四年に実施されたSEDES―BCEROの調査では、年間六万五〇〇〇人の旅行者を宿泊させる一〇〇〇室以上のホテルの能力をもつ可能性が見込まれている(旅行者一人が、その滞在中に平均して四〇〇ドルを使うことが見込まれる)。実際的には、少ない投資で、より限定された、コモロの異質な世界に魅せられた裕福な客を集めるほうが有益であろう。ニュマシュワ村の小島群で見られる海亀の産卵や、大物釣り、カルタラ火山、まだ自然なままの習俗などは、観光客をありきたりの生活から抜け出させることのできる観光の目玉である。

V 環境による制限

一九六八年と一九七四年に実施された森林に関する調査では、森林の面積は諸島で平均して四四パーセント減少しており、アンジュアン島では六九パーセントという悲惨な記録が出ている。現在、四島には約四万六〇〇〇ヘクタールの森林が残っているが、急傾斜地の土壌の保護を確保し、川の維持に不可欠な水を制御するには八万五〇〇〇ヘクタール以上の土地に継続的な植生を行なう必要がある。島の生態系はきわめて脆い。山がちの地形、滝のような雨、熱帯性の気候は土地利用の誤りを悲劇的なものにしてしまう。十九世紀の植民地時代の初期に、ゲヴレイは悪化する一方の浸食の発端について観察している。

「よい土地のある沖積地の谷間のほとんどが、進出してきた西欧人に譲渡され、占有されて以来、より肥沃でない土地に追いやられた土着の人びとは放浪民になった。村は急速に周囲の森林を破壊し、腐食土の剝げた傾斜地を露わにした。そして次々と、同じように別な処女地を荒廃させている。人びとを隔離してでもこの傾向を食い止めなければならないだろう。しかし、彼らが収獲する米が、彼らが耕作のために破壊した森林の一〇〇分の一の値に相当するということをマイヨット島民に理解させることは難しいだろう(1)」。

(4) ゲヴレイ(一八七〇年)。

人口増加、土地不足、炭による調理などが、この森林伐採の重大な要因である。しかしまた、木を燃やす蒸留器や、原始的なかまどによる建築用の石灰の製造も、木の保護に対し重大な影響を与えている。年間の消費は約八〇万立法メートルである。もし山林が伐採された土地が棚田にされ、腐植土が保護されるならば、唯一の危険は、恒常的な水の流れを維持するために充分な森林をもてないことである。しかし、土壌を保護しない焼畑や鍬による土地の耕作は急速な浸食をもたらし、腐食土は海へと洗い流される。アンジュアン島のニュマケレとジムリメはとくに荒廃がひどく、マイヨット島やモエリ島でも同様な浸食の進行が見られる。より多孔質な地質であることによって、それほど脆くはないグランドコモロ島にも被害は及んでおり、毎年、森の境界が数メートル上昇している。南西の斜面とグリル山塊の南部はめずらしく成功した植林の例である。しかし、有用なユーカリの木は、低木叢林地帯の火事にはよく耐えるが、下草の再生には有効ではない。石の多い土地でもとても早く生えるサンドラゴンは、森林を再生するために最も適した種である。

早急に四万ヘクタールを植林することを期待するのは無理だろう。しかし、森林資源をさらに伐採することなく、必要な木材の生産を保証するためには、少なくとも、高い生産性をもつ三六五〇〇ヘクタールの森林を整備しなければならない。

もちろん、植林計画には果樹も含まれる可能性がある。しかし、いずれにせよ、植林はすぐに収益を上げるものではない。それでも、国家の有益な潜在能力を長期的に活用するためには、あるいは、さらに単純にいえば、コモロで生活しつづけるためには、植林に着手し、成功することが不可欠である。現在の森林破壊の進展を食い止めるために何もせず、薪による香料の蒸留のために森林資源を荒らしつづけるならば、二〇〇〇年のコモロでは水が欠乏し、腐食土が浸食された土地をいくら耕しても収穫はなく、結果として、移住することを余儀なくされるだろう〔近年のコモロの状況は、この予測ほどひどくはなっていないが、環境がさらに悪化していることは間違いない〕。

終わりに

四つの小さな島から成るコモロ諸島は、巨大な石油タンカーの通り道にあり、驚くべき複雑さをもったミクロコスモスである。何世紀もの波乱に満ちた歴史ののちに、この文化のモザイクは、植民地期において放置されたままの長い休眠期間を経験した。そこから脱け出した諸島は、画趣に富んだ見かけは変わらぬまま、準備が不充分なまま下手に実行に移されたため、厄介な分裂を残すことになった独立の歴史――フランスと繋がったへその緒の乱暴な切断、マイヨット島問題による地理的分割、そして独立の社会的熱狂と農学者アリ・ソワリヒによる大改革に続いて、商人や神学者によって反改革が進められたことによる新生国家の政治的不安定――その混沌に破滅的に入り込んで行くしかなかった。

統一には、多くの点で問題がある。マイヨット島と他の島の関係だけでなく、田舎と都市、伝統的な交換経済と契約に基づく経済、若者と年長者との間にもまた、亀裂が存在している。これら、すべての不調和はとくに懸念すべきものである。なぜなら、これらの対立が、人口爆発や食糧の欠乏、土壌や生態系の破壊、新たな社会的、政治的犯罪の出現など、他の危機の姿を覆い隠しているからだ。

ある者たちは、あきらめたように、「コモロはいつまで経ってもコモロだ」と繰り返す。もちろん、ニュマケレやジムリメを全諸島の典型と見なすのでない限り、なにも確実なことがないわけではない。それでもなお、現実的な可能性は存在している。もし人口が安定すれば、自前の食糧生産で、すべての人びとを養うことができる。これに関しては、それによって換金作物の農業を侵害することはなく、その変革のなかで、換金作物の農業にとっても、生産高と商業化における大きな進展が実現しうるだろう。

しかし、そのためには能力をもった献身的な人物によって統率された、綿密で、断固とした、意欲的な行動が前提条件となる。同様に、権力支配や伝統的な対立から自由であり、そしてコモロに適応するにはあまりに複雑で形式的な西欧型のモデルに囚われない発想をもった、国家の精鋭な専門家の登場もそれに含まれる。

統一と発展への情熱は消えていない。それはここかしこに感じられる。アブ・シハビはこう歌っている。

e nziya ngebuao

Wendji ngwaitsahao
sha hidza ndo riwonao
washashi ngwarambuao
nao ngwawadjuzao
niya ndzima do ngao ya hatru …

道は開かれている。ずいぶん探し求めたが、それはまだ闇のなかにある。
それをかすかに見出したほんのわずかな者が呼びかける。ともにこの道を進もう……。

訳者あとがき

本書について

本書は、Hervé Chagnoux et Ali Haribou, *Les Comores*（Coll.《Que sais-je ?》n° 1829, P.U.F., Paris, 1980, 1990）の全訳である。これは、アフリカ大陸とマダガスカル島に挟まれ、インド洋の西端に浮かぶ、コモロ諸島という四つの島の、おどろくほど多様で複雑な歴史、社会、文化について紹介するものである。概説書ではありながら、その簡潔な資料の整理と、的確な分析によって、数少ないコモロ研究の基本文献となっている。

一九八〇年に初版が出版され、一九九〇年に第二版が出されている。第二版では新たな統計的データや、一九八〇年代に起きた出来事についての解説が大幅に補足されている。

著者については、残念ながら多くはわからない。エルヴェ・シャニューはパリ政治学研究所を修了し、本文注に記されているように、独立前後のコモロ政府になんらかの技術顧問として雇われていたようである。しかし、その後のコモロとの関係や消息については不明である。

アリ・ハリブはコモロ人で、フランスのノジャンの熱帯農業教育施設で学んだのちに、そこで農林技師を務め、一九七〇年代からコモロの農業開発に関わってきた。本書では、その知見が如何なく発揮されており、農業に関しては入門の域を越えた、かなり詳しい分析がなされている。現在では、国際的専門家として、国連のFAOにおいてアフリカ諸国の農業開発プロジェクトに関わっているようである。

本書は、すでに一〇年以上前に書かれたものであるが、その内容は、現在のコモロについても十分通用するだけでなく、むしろ、こんにち読んでこそより意義深いものになっていると言える。なぜなら、独立に際してコモロ国家が抱えることになった歴史的、社会的問題に特に重点を置いた本書の内容は、それから一〇年あまり後に、コモロ国家が陥っている危機的状況の根源を照らし出すものになっているからである。一九七五年に、アフリカ諸国のなかでも遅れてフランスからの独立を果たしたコモロ国家は、それ以降、先の見えない迷路に迷いこむことになり、政治的混乱に揺れ動き、経済的衰退の一途をたどる。本書は、そのような混迷の核心をなす、独立前後の歴史的経緯のなかで、新生コモロ国家が孕むことになったいくつもの社会的亀裂――マイヨット島の分離問題や富裕な一部の元貴族層による政治支配体制、独立直後の特異な社会主義革命の悪夢、白人傭兵によって陰で支配された長い独裁政治など――についてたいへんわかりやすく解説を行なっている。

一九八〇年代を通じたコモロの混迷は、一九九〇年代に入ってからも基本的に変わることなく、むしろ、もはや出口のない袋小路に入り込んでしまったように見える。実際に、一九九七年以降、コモロはまさに国家崩壊の危機を迎えているのである。歴史に関する本書の記述は、一九八九年十一月に、アーメド・アブダラ大統領が、ボブ・ドナール率いる傭兵隊との交渉中に暗殺された事件ののち、一九九〇年二月に大統領選挙が予定されているという時点までで終わっている。ここでは、本書の意義を明らかにするためにも、一九九〇年以降に起きたいくつかの重要な出来事について補足しておきたい。

ボブ・ドナール

ボブ・ドナールという男を抜きにして、コモロの歴史を語ることはできない。ドナールは国際社会の裏側において暗躍してきた名高い白人傭兵であり、「最後の傭兵」とも呼ばれる男である。もともとフランス海軍にいたドナールは第二次世界大戦やインドシナ戦争を経験した後に、六〇年代以降、旧ベルギー領コンゴ（ザイール）、ガボン、ベナン、ナイジェリア、アンゴラ、ローデシア（ジンバブエ）、チャドなど、主に植民地以降のアフリカの諸国において傭兵として活動し、やがて、傭兵の英雄として名を馳せるようになる。日本ではあまり知られていないかもしれないが、フレデリック・フォーサイスの小説『戦争の犬』をはじめとして、多くの戦争小説や映画のモデルになった男でもある。

本書でも書かれているように、ドナールは一九七五年のコモロ独立直後に起きた、アリ・ソワリヒによるクーデタに関わり、その三年後には、元大統領アーメド・アブダラを復権させるクーデタを起こしている。それ以降、この自称「フランスの海賊」はコモロに住み着き、そこを根城として国際的な「闇の」活動を続けるようになった。一九七八年から一九八九年の間、ドナールの傭兵隊は、大統領警護隊を統率してアブダラ大統領の独裁政権を支えるとともに、「陰の支配者」として君臨し、コモロから大きな利益を得ていたとされている。

アブダラ大統領の暗殺

コモロにおけるアブダラとドナールの支配は約一〇年余り続くが、二人の関係は突如として終わりを迎える。一九八九年十一月二十六日の夜、アブダラ大統領は一発の銃弾によって暗殺された。ドナールらは、大統領が死亡したのは軍事訓練の作戦中の事故であったと主張したが、大半のコモロ国民や各国の報道はドナールがアブダラを暗殺したと確信している。当時、民主化に向かう南ア共和国はそれまで行なっていた大統領警護隊への資金供与を止めようとしており、また傭兵との関係に対し国際的な非難が強まるなかで、アブダラ大統領はドナールとの関係を断ち、大統領警護隊をコモロ国軍に併合しようと考えていたという。それを恐れたドナールらはアブダラ大統領に対し、逆にコモロ国軍を解体し、大統領警護隊を残すよう要求したとされる。そして、国軍解体を承認する書類に強制的に署名させたあとにアブダラを殺害し、その偽装工作として大統領官邸の警備員を殺害したというのである。

真相は闇の中だが、アブダラの死亡が公表されるとフランス軍がコモロに上陸して、秩序回復にあたった。ドナールはフランスとの交渉によりコモロを出国することを承諾し、南アフリカへと渡った。

汚職と陰謀

ドナールが去ったコモロでは、一九九〇年三月に大統領選挙が行なわれ、最高裁判所長のモハメド・ジョハールが対立するモハメド・タキら七人の候補を破り大統領に就任した。ジョハールは、少なくとも表向きはアブダラによって弾圧されてきた民主主義の確立を掲げ、フランスとの関係の回復を進めようとしたが、地方の利権と結びついた三〇近い政党の乱立や、大統領自身を巻き込んだ公的資金の横領や収賄などの汚職の表面化などによって、政治的混乱はさらにひどくなっていった。また、国家財政は破綻をきたし、公務員への給料の支払いが数か月以上も遅滞するようになり、ストやデモが頻発するようになった。七回ものクーデタ未遂が起こり、ジョハールは、陰謀疑惑でアブダラの息子を逮捕するなど反対勢力を弾圧し、独裁色を強めていった。すでに、この頃には、独立国家に対する絶望的な雰囲気がコモロ社会に蔓延することになる。

ボブ・ドナールの再来

驚くべきことに、ジョハールを失墜させたのもまたボブ・ドナールであった。一九九五年九月二十七日、フランスにいたはずのドナールが再びコモロに現われ、かつて彼の部下であったコモロ軍の一部を率いてジョハール大統領を拘禁し、コモロ独立以来一八回目、彼自身による四回目のクーデターを引き起こしたのだ。

このクーデタは、投獄を恐れパリへと逃れていたジョハールの政敵モハメド・タキと、そしてかつて彼に暗殺されたとされるアブダラの家族らが依頼したものであった。軍事キャンプに立てこもったドナールは、フランスのテレビ局の取材に対し、彼の行動の目的が、「愛するコモロの民主主義と平和を実現する」ことにあるのだと主張さえしている。

このクーデタでは、すぐに仏軍特殊部隊が上陸し、大きな戦闘のないままにドナールは投降することになる。しかし、この機に乗じて反対勢力はジョハールを退陣に追いやり、十一月には暫定政権を樹立させた。フランス軍に連行されたドナールは再びフランスで逮捕され、一九九六年七月にサンテ刑務所に収監されて約十か月間に釈放される。ちなみに、このクーデタ未遂のあと、デナールを殺人罪で訴えていたアブダラ元大統領の家族は、訴訟を取り下げている。

分離独立運動の激化

アフリカ統一機構による監視のもと、一九九六年三月に行なわれたコモロ初とされる民主主義的選挙において、モハメド・タキは、一五名の候補者の中から決選投票に残り、フランス寄りとされるアバス・ジュスフ候補を破り、大統領に当選した。国民は民主主義の確立と経済の建て直しをむなしく期待したが、タキは就任直後から排他的姿勢を強め、乱立していた党をまとめて進歩国民連合（RND）を創設し、野党の国民改革フォーラムを封じ込めようとした。また、自らの弱い支持基盤を固めようと、彼は出身地であるグランドコモロ島に対する優遇をますます強めた。

一党独裁制を強化するタキの姿勢や、有効な経済政策を提示できず、懸案となっていた公務員の給料の支払い問題を解決できなかったことは国民を失望させた。とくに、グランドコモロ島が政治の実権を握り、経済援助の分配などにおいて大きく優遇されていることに長く反発してきたアンジュアン島とモヘリ島の島民の怒りは、政府やグランドコモロ島に対するものから、やがて、国家そのものの諦めへと変わっていった。

こうして、アンジュアン島とモエリ島では分離独立運動の動きが活発になっていくことになる。それは、政治的地位の獲得も、経済的発展の見通しもないコモロ国家にとどまることに希望を失った結果として噴出したものなのである。一九九七年二月、アンジュアン島における反政府デモに対する発砲事件をきっかけとして、分離独立運動が激化することになった。政府が武力によって鎮圧しようとしたことによって、島間の亀裂は次第に大きなものとなっていった。

フランスへの回帰

アンジュアン人民運動（MPA）は八月三日に独立を宣言し、同時にマイヨット島と同等な地位でのフランスへの併合を要請した。そして、島では独自の大統領と閣僚による政府が組織された。つづいてモエリ島でも八月十一日に独立宣言が出され、同じくフランスへの併合を要請した。

本書において、著者は、マイヨット島の分離が、将来的にこの地域の「羨望の的」を作ることになるであろうという、独立以前に出されたフランス国会における報告を紹介しているが、事態はまさにその通りになったのである。十分ではないにしても大きな社会的保障を受けている、同じコモロ諸島のマイヨット島に対し、独立以降のコモロ国家の経済状態はむしろ悪化する一方であり、富裕なエリート政治家と庶民の格差はますます広がるばかりであった。フランスに残った隣の島の繁栄を横目で見てきたアンジュアン島とモエリ島の住民は、もはや希望の持てないコモロ国家に見切りをつけて、フランスへの再帰属を望んだのである。

九月には政府軍がアンジュアン島に上陸し、分離派との武力衝突により六〇名余の死傷者が発生する事態となった。もはや、島間の亀裂は決定的なものになってしまった。十月二十六日には、アンジュアン島で独立派による住民投票が実施され、九九・八八パーセントの住民が分離独立に賛成という結果が出された。

十二月十日から十三日にかけて、エチオピアのアジスアベバでアフリカ統一機構主導の調停会議が開かれた。「大幅な地方自治権の拡大」と「連邦制による国家の再統一」という和解提案に、グランドコモロ島の政府代表とモヘリ島代表は合意を示したが、アンジュアン島代表は拒否し、会議は平行線を辿った。二〇〇一年二月十七日、再びアフリカ統一機構等の働きかけにより、三島による和解の調停案への合意がなされた。しかし、その後、アンジュアン島側が再び調停案の施行を拒否したため、和解は難航しており、国家としての機能が果たせない状況にある。

軍事政権

混乱が続くなか、一九九八年十一月、タキ大統領は心臓発作によって急死した。タジディン共和国最高評議会委員長が大統領代理に、野党のジュスフが首相代行に就任し、大統領選挙の準備が進められた。しかし、グランドコモロ島で反アンジュアン島民の排斥運動が活発化し、社会秩序が不安定になるなか、給料の未払いなどで臨時政府による対応に対し不満を抱いていた軍部が、一九九九年四月にクーデタを起こし、軍参謀本部長・アザリ大佐が国家の統一維持のため全権掌握を宣言した。暫定政権は解任され、代わりに、アザリ大佐を国家元首とした国家委員会が国政を統括するようになった。

現在でも、アンジュアン島問題は依然として膠着状態のままであり、民政への移行を約束してはいるが、アザリ大佐は権力の座から降りようとしていない。昨年三月には、アブダラの二人の息子が率いる軍の一部がクーデタ未遂を起こした。「コモロに一滴の石油もなくなる」といったニュースが流れるほどに経済情勢は悪化しており、物価の上昇や、給料の未払いに対するデモの暴動が頻発するなど政治的に不安定な状況がつづいている。

「戦争の犬」への無罪判決

一九九九年五月、アブダラ大統領暗殺事件に関する裁判がパリの重罪院で開かれ、被告のボブ・ドナールと彼の部下は、証拠不十分で無罪を言い渡された。法廷を出たドナールに対し、判決を不満とするコモロ人の群集から「暗殺者!」という言葉が投げつけられた。ドナールへの無罪判決はコモロ国民に大きな失望を与えるものであった。

アブダラの死亡から一〇年後に開かれた裁判は、フランスとコモロ政府間の法的協力という形で行われたものであった。日本ではほとんど報道されなかったが、この裁判が国際的にも注目されたのは、植民地以後のアフリカにおける彼の活動の背後にあったとされる、彼とフランス政府との闇の関係が明らかにされる可能性があったからである。フランスは一九八〇年代までドナールがフランス情報部の諜報活動に関わっていたことを認めているが、その後のコモロにおける彼の活動への関与を否定している。しかし、コモロではドナールの背後に常にフランス政府の意思があるとする見方が根強く存在している。実際、ドナールがコモロにおいて活動している間、ドナールとフランスの諜報部は密接な交渉を行ない、フランスはドナールの違法な活動のほとんどに対し目をつむってきたのは事実である。ドナールの裁判では、一九六〇年代以降の、傭兵を用いた新たな植民地支配という、フランスの暗部の一端が明らかになる可能性もあったのだ。しかし、結局何も明らかにされることのないまま裁判は閉廷し、コモロの人びとは再び大国の意志に対する非力を痛感させられることになった。

クーデタの島

この裁判のなかでボブ・ドナールは自ら引退を表明した。だが、コモロでは、クーデタが起こるたびに、ボブ・ドナールと傭兵たちが再び戻ってきたのだという噂が流れる。植民地以降のアフリカにおける「最後の傭兵」の野望の犠牲となったコモロは、いまだにドナールの影に脅えているのである。ドナールは、少数の者が金と暴力によっていかに容易に権力を獲得しうるかをコモロの人びとに強く印象づけ、コモロ人同士の疑心暗鬼、政治に対する不信、政治に働く大国の意志への無力感といったものを彼らの心に植えつけた。クーデタの伝統は、一九七五年の最初のクーデタ以来、未遂を含めて一九回を数えるクーデタの歴史のなかで繰り返し反復され、コモロにおける政治の慣習として深く根づいてしまった。かつて植民地時代には香料栽培が盛んであり「香料の島」と呼ばれていたコモロ諸島は、いまや「クーデタの島」と呼ばれている。

本書の意義

本書は、コモロ社会が抱える、矛盾をはらんだ歴史や、社会の基層に走る亀裂に対し鋭く光を当てており、ますます困窮の度合いを深める、現在のコモロの状況を理解するためにも重要な意義をもつものになっている。さらに、その指摘は、多くの点で共通性をもつ独立以降のアフリカ諸国や、他の旧植民地国家が陥っている複雑な状況を理解する上でも、重要な示唆を多く含んだものだと言えるだろう。

しかし、本書はコモロの悲劇的な側面のみを描いているわけではない。コモロ人は、さまざまな混乱に翻弄されつつも、それに毅然と立ち向かい、器用になんとかやりこなしながら日々を生きている。イスラム教の教えに従いつつ、伝統的な文化に大きな意味を与えながら生きる人々の日常生活についても、われわれは本書を通じて知ることができる。

本書は、おそらく日本において初めてコモロ諸島について紹介する本である。これまで、日本ではシーラカンスの生息地としてのみわずかに知られているが、コモロの社会や文化についてはほとんど情報が伝わっていないと言える。インド洋の西端に位置し、古くから交易の中継地として栄えてきたコモロは、さまざまな起源をもつ民族や文化がそこで混淆を繰り返し、基本的にアフリカ的文化をもちながらも、実に多様で豊かな文化を形成している。本書は、コモロ諸島の変化に富んだ自然環境や、生彩な文化の諸相についても豊富な情報を与えてくれるものになっている。南国の島という見かけの異国情緒や、世界で最も貧しい国の一つというレッテルの裏には、意外な複雑さをもった歴史や社会があり、アフリカ、アラブ、アジア、そしてヨーロッパといった多様な文化が混ざり合った、魅惑的な文化のモザイクが存在しているのである。

この翻訳が、コモロ諸島について知られるための、よいきっかけとなることを望みたい。

末筆ながら、翻訳にあたりお世話になった方々に感謝の意を表したい。

二〇〇一年六月

花渕馨也

参考文献(1)

I　一般

GEVREY,Alexis.,Essai sur les Comores,Pondichéy,A.Saligny,imprimeur du gouvernement,1870.

FONTOYNONT et ROMANDAHY.,La Grande Comore,Imprimerie moderne de l'Emyrne,1937,Mémoire de l'Académie malgache,fasc.XXIII.

MANICACCI,Jean.,L'archipel des Comores,Tananarive,Imprimerie officielle,1939.

DESCHAMPS,Hubert.,Madagascar,Comores,terres australes,Paris,Berger-Levrault,1951.

HOCQUET,Yves,La Grande Comore ; pour une meilleure connaissance de l'archipel des Comores,Paris,mémoire CHEAM,1957.

II　自然環境

HUMBLOT,Léon.,Les Comores,Bulletin de la Société de Géographie commerciale de Paris,1886-1887,t.IX.

BENSON,C.W.,Birds of the Comoro Islands : results of the British Ornithologists' Union centenary expedition,Londres,1958.

SMITH,J.L.B.,Old fourlegs. The Story of the coelacanth,Londres,1958.

DAHL,Jeremy F.,Relationships between daily activity pattern,environmental factors and morphology in the genus Lemur,Ph.D.Thesis,Saint-Louis,Etats-Unis,Washington University,1979.

ALI HARIBOU.,Approche de la dynamique du phosphore et de l'azote dans deux principaux sols vivriers des Comores. Conséquences agronomiques, Mémoire ESAT,Nogent-sur-Marne 1977.

III　歴史

REPIQUET,Jules.,Le sultanat d'Anjouan,Challamel,1901.

FAUREC,Urbain.,L'archipel aux sultans batailleurs,Tananarive,Imprimerie officielle,1941.

FAUREC,Urbain.,L'histoire de Mayotte,Cahiers de Madagascar,1941.

DESCHAMPS,Hubert.,Les pirates à Madagascar,Berger-Levrault,1949,1972.

SAID KA'ABI.,La vie et l'œuvre du grand marabout des Comores,Saïd Mohamed ben Ahmed al Ma'arouf,traduction Paul Guy,Tananarive, Imprimerie officielle,1949

MEUNIER,Alexis.,Le Statut politique et administratif de l'archipel des Comores, de l'annexion à l'autonomie restreinte(1912-1968),Paris,recueil

Penant,juillet-décembre,1970.
FLOBERT,Thierry.,Les Comores,éolution juridique et socio-politique,thése de droit,Aix-Marseille,1975(詳しい文献目録が付いている)
LEYMARIE,Philippe.,Décentralisation et lutte antiféodale aux Comores ; une révolution essentiellement culturelle,in Le Monde diplomatique,Paris,nov embre,1977.
MARTIN,Jean.,Comores : quatre îles entre pirates et planteurs, Paris,L'Harmattan,1983(2 tomes).
VERIN,Emmanuel.,Les Comores dans la tourmente : vie politique de l'Archipel de la crise de 1976 jusqu'au coup d'Etat de 1978,Paris,INALCO, 1988.

Ⅳ 文化

HÉBERT,J-C.,Fêtes agraires dans l'îles d'Anjouan,Journal de la Société des Africanistes,Paris,1960,t.XXX,fasc.1.
GUY,Paul.,Traité de droit musulman comorien,Alger,Imprimerie Koechlin,1954.
FISCHER,P.François.,Grammaire-dictionnaire comorien,Strasbourg,Société d'Edition de la Basse Alsace,1959.
SHEPHERD,Gillian M.,Two marriage forms in the Comoro islands : an investigation,Londres,Africa,47(4),1977.
Robert,Michel.,La Société islamique et le droit musulman aux Comores et dans l'Océan Indien,mémoire de DES,Université Paris III,1976.
LAMBEK,Michael Joshua.,Human spirit: possession and trance among the malagasy speakers of Mayotte,University of Michigan(Etats-Unis),1978.
ROMBI,Marie-Françoise.,Description fondamentale du shimaore,préfecture de Mayotte,Dzaoudzi,1979.
Collectif(sous la direction de Georges BOULINIER),Etudes comoriennes,Pa ris,Editions Champion,1979.

Ⅴ 経済

ROBINEAU,Claude.,Société et économie d'Anjouan,Paris,ORSTOM,1966.
MARTIN,R.,Bilan agro-économique de la période 1952-1974,Moroni,polycopi é,Direction de la Production,1975.
BROUWERS,M.,Anjouan. Y a-t-il encore un futur agricole?, IRAT-Comores,1973.
INSEE,Réultats du recensement de 1966,Paris,1968.
BEES,Consommation de ménages comoriens et productions vivrières de l'archipel(1965-1966),Moroni.
MAXIMY,René de.,Archipel des Comores. Etude de géographie éonomique,thèse de lettres,Faculté d'Aix-en-Provence.

——.,Archipel des Comores,étude géographique,1968,polycopié.
POUZET,Denis.,La recherche agronomique aux Comores,facteur primordial du développement socio-économique,Moroni,IRAT-Comores,1976.
BROUWERS,M.,LATRILLE,Ed.,SUBREVILLE,G.,Inventaire de terres cultivables des Comores,Moroni,CNPMF(étude réalisée par IRAT-Comores),1977.
CNPMF,Plan intérimaire de cinq ans(1978-1982),Moroni,févr.1978,polycopié administration comorienne.
BANQUE MONDIALE,Les Comores,Washington DC,1979.
Rapport Mission CEA par Ali HARIBOU et R.RAKOTOBÉ,UNECA,1987.
Rapport du Service des Douanes,Moroni,1987.

(1) 1964年にゴルスとジョバルによってほぼ完全な文献目録が作成され、その後、ブリニエによって更に補足された。

G.Boulinier., Recherches récentes sur l'archipel des Comores, publications 1974-1977, in revue Asie du Sud-Est et monde insulindien, 1978, t.IX, fasc.1-2, p.99-108.

訳者略歴
一九六七年北海道生
一九九九年一橋大学大学院社会学研究科博士課程修了
文化人類学専攻（コモロ諸島の文化研究）
社会学博士
現在、東京外国語大学アジア・アフリカ言語文化研究所COE研究員

コモロ諸島

二〇〇一年七月二五日 印刷
二〇〇一年八月一〇日 発行

訳 者© 花 渕 馨 也
発行者 川 村 雅 之
発行所 株式会社 白水社

東京都千代田区神田小川町三の二四
電話 営業部 〇三（三二九一）七八一一
編集部 〇三（三二九一）七八二一
振替 〇〇一九〇－五－三三二二八
郵便番号 一〇一-〇〇五二
http://www.hakusuisha.co.jp

平河工業社

ISBN 4-560-05842-3

Printed in Japan

Q 哲学・心理学・宗教

1 知能
9 青年期
13 実存主義
25 マルクス主義
52 精神力とは何か
95 性格学
107 世界哲学史
114 プロテスタントの歴史
115 精神分析
149 カトリックの歴史
193 哲学入門
196 道徳思想史
199 秘密結社
228 言語と思考
236 感覚
248 妖術
252 神秘主義
326 プラトン
362 ヨーロッパ中世の哲学
368 原始キリスト教
374 現象学
400 ユダヤ思想
401 エジプトの神々
415 新約聖書
417 デカルトと合理主義
426 プロテスタント神学
438 カトリック神学
444 旧約聖書
459 現代フランスの哲学
461 新しい児童心理学
464 人間関係
468 構造主義
474 無神論
480 キリスト教図像学
487 ソクラテス以前の哲学
499 カント哲学
500 マルクス以後のマルクス主義
512 ルネサンスの哲学
519 発生的認識論
520 アナーキズム
523 思春期
525 錬金術
535 占星術
542 ヘーゲル哲学
546 異端審問
550 愛
576 キリスト教思想
592 秘儀伝授
594 ヨーガ
607 東方正教会
625 異端カタリ派
663 創造性
680 ドイツ哲学史
697 オプス・デイ
702 精神分析と文学
704 トマス哲学入門
707 仏教
708 死海写本
710 心理学の歴史
722 薔薇十字団
723 インド教
726 ギリシア神話
733 死後の世界
738 医の倫理
739 心霊主義
742 ベルクソン
745 ユダヤ教の歴史
749 ショーペンハウアー
751 ことばの心理学
754 パスカルの哲学
762 キルケゴール
763 エゾテリスム思想
764 認知神経心理学
768 ニーチェ
773 エピステモロジー
778 フリーメーソン
779 ライプニッツ
780 超心理学
783 オナニズムの歴史
789 ロシア・ソヴィエト哲学史
793 フランス宗教史
802 ミシェル・フーコー
807 ドイツ古典哲学
809 カトリック神学入門
818 カバラ